A DOUTRINA SECRETA

A obra clássica de
H. P. BLAVATSKY

A DOUTRINA SECRETA

Resumida e comentada por
MICHAEL GOMES

Tradução:
MARTA ROSAS

Editora
Pensamento
SÃO PAULO

Título do original: *The Secret Doctrine.*

Copyright © 2009 Michael Gomes.

Copyright da edição brasileira © 2012 Editora Pensamento-Cultrix Ltda.

Publicado mediante acordo com Jeremy P. Tarcher, uma divisão da Penguin Group, (USA), Inc.

Texto de acordo com as novas regras ortográficas da língua portuguesa.
1ª edição 2012.
6ª reimpressão 2023.

Todos os direitos reservados. Nenhuma parte desta obra pode ser reproduzida ou usada de qualquer forma ou por qualquer meio, eletrônico ou mecânico, inclusive fotocópias, gravações ou sistema de armazenamento em banco de dados, sem permissão por escrito, exceto nos casos de trechos curtos citados em resenhas críticas ou artigos de revistas.

A Editora Pensamento não se responsabiliza por eventuais mudanças ocorridas nos endereços convencionais ou eletrônicos citados neste livro.

Coordenação editorial: Denise de C. Rocha Delela e Roseli de S. Ferraz
Preparação de originais: Marta Almeida de Sá
Revisão: Claudete Agua de Melo
Diagramação: Join Bureau
Índice Remissivo: Entrelinhas Editorial

Dados Internacionais de Catalogação na Publicação (CIP)
(Câmara Brasileira do Livro, SP, Brasil)

Blavatsky, H. P.
   A doutrina secreta / a obra clássica de H. P. Blavatsky ; resumida e comentada por Michael Gomes ; tradução Marta Rosas. – São Paulo : Pensamento, 2012.

   Título original: The secret doctrine.
   ISBN 978-85-315-1807-2

   1. Teosofia I. Gomes, Michael. II. Título.

12-11085   CDD-299.934

Índices para catálogo sistemático:
1. Teosofia : Religião   299-934

Direitos de tradução para o Brasil
adquiridos com exclusividade pela
EDITORA PENSAMENTO-CULTRIX LTDA.
Rua Dr. Mário Vicente, 368 — 04270-000 — São Paulo,
SP Fone: (11) 2066-9000
E-mail: atendimento@editorapensamento.com.br
http://www.editorapensamento.com.br
que se reserva a propriedade literária desta tradução.
Foi feito o depósito legal.

Sumário

Introdução do editor.. 9
Uma observação a respeito do texto 23

PREFÁCIO 29

PARTE UM
COSMOGÊNESE

Estância I.	A NOITE DO UNIVERSO	37
Estância II.	A IDEIA DE DIFERENCIAÇÃO.............................	43
Estância III.	O DESPERTAR DO KOSMOS	47
Estância IV.	AS HIERARQUIAS SEPTENÁRIAS.......................	53
Estância V.	FOHAT: O FILHO DAS HIERARQUIAS SEPTENÁRIAS	57
Estância VI.	NOSSO MUNDO, SEU CRESCIMENTO E DESENVOLVIMENTO..	63
Estância VII.	OS PROGENITORES DO HOMEM NA TERRA	69

PARTE DOIS
ANTROPOGÊNESE

Estância I.	PRINCÍPIOS DA VIDA SENCIENTE	79
Estância II.	SEM AJUDA, A NATUREZA FALHA	83
Estância III.	TENTATIVAS DE CRIAÇÃO DO HOMEM............................	87
Estância IV.	CRIAÇÃO DAS PRIMEIRAS RAÇAS	89
Estância V.	A EVOLUÇÃO DA SEGUNDA RAÇA	93
Estância VI.	A EVOLUÇÃO DOS "NASCIDOS DO SUOR"	97
Estância VII.	DAS RAÇAS SEMIDIVINAS ATÉ AS PRIMEIRAS RAÇAS HUMANAS	99
Estância VIII.	A EVOLUÇÃO DOS ANIMAIS MAMÍFEROS: A PRIMEIRA QUEDA	103
Estância IX.	A EVOLUÇÃO FINAL DO HOMEM	105
Estância X.	A HISTÓRIA DA QUARTA RAÇA..	109
Estância XI.	A CIVILIZAÇÃO E A DESTRUIÇÃO DAS RAÇAS TERCEIRA E QUARTA	113
Estância XII.	A QUINTA RAÇA E SEUS INSTRUTORES DIVINOS	117

PARTE TRÊS
A LINGUAGEM DO MISTÉRIO DOS INICIADOS

1.	SIMBOLISMO E IDEOGRAFIA	121
2.	A LINGUAGEM DO MISTÉRIO E SUAS CHAVES	127
3.	A SUBSTÂNCIA PRIMORDIAL E O PENSAMENTO DIVINO	135
4.	A DIVINDADE OCULTA, SEUS SÍMBOLOS E SIGNOS........................	141
5.	O OVO DO MUNDO	145
6.	OS DIAS E AS NOITES DE BRAHMÂ...................................	151

7. O LÓTUS COMO SÍMBOLO UNIVERSAL 157

8. A LUA: DEUS LUNUS, PHOEBE 163

9. O CULTO DA ÁRVORE, DA SERPENTE E DO CROCODILO 169

10. *DEMON EST* DEUS *INVERSUS* 175

11. A TEOGONIA DOS DEUSES CRIADORES 181

12. AS SETE CRIAÇÕES 189

13. OS QUATRO ELEMENTOS 195

14. SOBRE *KWAN-SHI-YIN* E *KWAN-YIN* 201

15. SOBRE O MITO DO "ANJO CAÍDO" 205

16. ENOÏCHION-HENOCH 213

17. A CRUZ E O CÍRCULO 219

RESUMINDO 227

Glossário e índice remissivo 231

Introdução do editor

The Secret Doctrine,[1] de H. P. Blavatsky, é um dos monumentos do esoterismo moderno. Originalmente publicada em 1888, a obra apresenta a história espiritual do desenvolvimento do cosmos (ou *kosmos*, como preferia a autora) e da vida humana na Terra. Para fazer isso, Mme. Blavatsky valeu-se de seu impressionante conhecimento da mitologia e de antigas escrituras para verificar a origem de suas teorias. O livro tornou-se uma das mais importantes exposições de ideias esotéricas, e os dois volumes da edição original, que compreendem mais de 1.500 páginas,[2] continuam sendo publicados.

Sua envergadura era tremenda, capaz de levar o leitor de volta ao alvorecer da existência, quando "nada existia". Como uma rachadura no Ovo Cósmico, a Vida Una diferencia-se em espírito-matéria, sujeito-objeto; e surge o universo, "filho da necessidade". Ser radiante, o universo é vitalizado pela força de *"Fohat"*, a eletricidade suprafísica ou o fogo divino que anima a criação. O Grande Sopro, os Dias e Noites de

---

[1] *A Doutrina Secreta*, livro publicado pela Editora Pensamento, São Paulo, 2008, 18ª edição. (N. da T.)

[2] A edição brasileira, publicada pela Editora Pensamento, compõe-se de seis volumes e 2.130 páginas. (N. da T.)

Brahmâ, forças planetárias, os ancestrais espirituais da humanidade, os Filhos da Luz, a história esotérica das civilizações, com relatos sobre os lemurianos e os atlantes, são apenas algumas das ideias que o leitor encontrará no texto.

A base que informa o livro gira em torno das estâncias de *Dzyan* (palavra que é cognata do sânscrito *dhyâna*, do chinês *ch'an* e do japonês *zen*, que dentre as suas muitas acepções significa meditação mística). Diz-se que elas fazem parte da literatura de comentários do budismo tibetano; especificamente, dos textos do *Gyud-dse* (ou, foneticamente, *Kiu-te*, como diz a autora). Até agora, as tentativas de situá-las no cânone budista tibetano revelaram-se infrutíferas, embora se tenha observado uma semelhança entre algumas partes das estâncias de *Dzyan* e a literatura da tradição *Kalachakra*. Mesclando conceitos hinduístas e budistas, o *Kalachakra* (que, literalmente, significa "Roda do Tempo") é uma das escrituras mais esotéricas que existem e, como as estâncias de *Dzyan* de *A Doutrina Secreta*, arroga-se grande antiguidade. Abrangendo ideias de cosmogonia e tempo divino, ele ainda correlaciona o lugar do indivíduo a esses ciclos cósmicos.

Em sua obscuridade, as estâncias funcionam como inúmeros outros textos oraculares da Antiguidade. Sua origem é tão misteriosa quanto a dos Oráculos Caldeus. Uma das atuais teorias atribui a fonte dos Oráculos Caldeus a enunciados proferidos em transe e registrados durante os primeiros séculos de nossa era, um produto da amalgamação religiosa do tempo. Por um longo período de tempo, eles foram vistos como vestígios da época de Zoroastro e dos sábios da Caldeia. Como as estâncias de *A Doutrina Secreta*, os fragmentos desses Oráculos que chegaram até nós descrevem a criação em termos de torvelinhos de fogo e força intermitente. Usando o material existente nos Oráculos, os neoplatônicos puderam criar a base de uma forma eclética de crença na *intelligentsia* de sua época.

O complemento mais próximo das estâncias é o Hino da Criação no Rig Veda.

Não existia não existência nem existência então,
Não existia o ar nem o firmamento que está além.
O que estava oculto? Onde?
No início, a escuridão se escondia na escuridão;
Pela criação disto (deste universo), os deuses (vieram)
depois.

Rig Veda, X. 129

Esse hino védico termina com uma indagação a respeito da natureza daquele que registrou esse evento, já que até os deuses vieram depois. Do mesmo modo, a primeira estância termina com um questionamento acerca da fonte de sua observação e manifestação. Onde estavam as testemunhas desse ato primevo, quando o próprio universo ainda não havia começado a existir? A explicação dada em *A Doutrina Secreta* dá margem a que a intuição despertada do sábio ultrapasse os limites do tempo e do espaço.

Dando voz à mesma experiência, o sábio indiano Sri Aurobindo diz na modernidade algo que soa como mais uma tradução da primeira estância.

Era a hora que antecede o despertar dos deuses.
Ao longo do caminho do divino Evento
Só a imensa mente apreensiva da Noite,
em seu escuro templo de eternidade,
jazia, imóvel, à beira do Silêncio.
Um nada insondável ocupava o mundo.

Savitri [1950], Canto I

Do mesmo modo, as seis primeiras estâncias do primeiro volume de *A Doutrina Secreta*, que tratam da cosmogonia universal, abordam a primazia do Ser (ou, como prefere Mme. Blavatsky, a Seidade) por meio de uma teologia negativa. Em vez de indicar o que existia ou poderia ter existido, as estâncias nos mostram o que não existe: a mente universal não existia, o tempo não existia, e "só as trevas enchiam o todo sem limites".

> O aparecimento e o desaparecimento do Universo são descritos como expiração e inspiração do Grande Sopro, que é eterno e que, sendo Movimento, é um dos três aspectos do Absoluto; os outros dois são o Espaço Abstrato e a Duração. Quando o Grande Sopro expira, é chamado o Sopro Divino e considerado como a respiração da Divindade Incognoscível – a Existência Una –, emitindo esta, por assim dizer, um pensamento, que vem a ser o Cosmos. De igual modo, quando o Sopro Divino é inspirado, o Universo desaparece no seio da Grande Mãe, que então dorme "envolta em suas Sempre Invisíveis Vestes".
>
> *A Doutrina Secreta* (2008, 18ª edição), 1:106

Esse é um processo eterno e, já que as estâncias falam da existência como emanação ou diferenciação da Vida Una, o universo não é visto como a criação de algo a partir do nada, mas como um aspecto em si da realidade. A força que anima a existência é denominada *Fohat*, "a unidade transcendente que enlaça todas as energias cósmicas". Aqui, *Fohat* atua de modo análogo a Eros na *Teogonia* de Hesíodo, sendo a força que fertiliza o Ovo Cósmico. Por meio de uma série de hierarquias de forças impessoais e da combinação esotérica de números, a estrutura da existência se constrói. A descrição oferecida nas estâncias dos "Três que se tornam Quatro" lembra a teoria científica moderna, já que os *quarks* se agrupam de três em três para formar prótons e nêutrons, interligados pela energia nuclear.

Depois do quarto sloka, da Estância VI, a narrativa passa da cosmogonia universal ao surgimento do nosso sistema solar e, em particular, do nosso planeta. As estâncias do volume 3 do livro, dedicado à antropogênese, detalham o desenvolvimento espiritual, físico e mental da vida humana na Terra. Antes de prosseguir, o leitor deve atentar para o conselho de Mme. Blavatsky acerca da maneira de ler os textos esotéricos. Tais obras podem ser interpretadas de modo literal, tomadas num nível simbólico ou vistas como uma experiência transformadora, na qual o próprio processo de interação com o texto promove uma mudança substancial no indivíduo. Espalhadas ao longo de *A Doutrina Secreta* há pistas sobre as sete chaves de interpretação que abrem os sentidos dos mitos e símbolos. São elas: a fisiológica, a psicológica, a geológica, a teogônica, a geométrica, a astronômica e a espiritual. Portanto, quando tratarmos das sete eras da humanidade apresentadas, vale a pena lembrar que talvez elas não sejam apenas uma representação de fatos reais, mas também funcionem em outros níveis.

Depois de passar previamente por três ciclos em globos que representam o desenvolvimento mineral, vegetal e animal, a humanidade surge na Terra com formas providas por antepassados divinos, os Pitris lunares. Tendo começado como um ser semidivino, a primeira raça passou a existência em um estado inconsciente, pois a mente não tinha se desenvolvido. A segunda raça não foi senão uma consolidação da primeira, tendo em vista que a Terra estava se tornando mais material. Quando a terceira raça surgiu, as plantas e os animais haviam começado a aparecer. Despertou-se o desejo, e a humanidade, antes andrógina, tornou-se masculina e feminina. Há 18 milhões de anos, os rudimentos da mente começaram a desabrochar, e a civilização da Lemúria surgiu em um continente hoje em grande parte submerso, que se estendia ao longo dos oceanos Índico e Pacífico. Com a destruição dessa massa continental por causas naturais, a quarta raça desenvolveu-se nas porções atlânticas desse continente anterior. *Manas*, o princípio mental, continuou a desenvolver-se e, graças à sua grande capacidade de aprendizagem, os atlantes figuram nas histórias lendárias de deuses e reis divinos. Após o declínio dos atlantes, surgiu a quinta raça, da qual somos a quinta sub-raça, atualmente em desenvolvimento. Os precursores da sexta sub-raça surgirão futuramente na América, quando se desenvolver um sexto sentido, ou faculdade. Após a quinta e a sexta raças, a humanidade passará por mais dois ciclos, ou rondas, ascendendo espiritualmente.

Em todos os volumes há muitos capítulos que elucidam os conceitos exemplificados pelos símbolos a que a autora alude em seu texto. Esses símbolos são reflexivos, constituindo um meio de acesso a uma realidade tácita. Reiterando suas credenciais, Mme. Blavatsky introduz essa seção lembrando ao leitor que "a maior parte da vida de quem escreve estas linhas foi ocupada com o estudo da significação oculta das lendas religiosas e profanas de vários países, grandes ou pequenos, e especialmente das tradições do Oriente". Esses capítulos demonstram a riqueza da pesquisa que ela empreendeu. Usando os resultados de suas viagens entre povos autóctones, estudos novecentistas hoje esquecidos sobre os mitos, referências clássicas e textos religiosos orientais, ela coletou um imenso volume de informações. As correlações esotéricas referentes à lua, ao lótus, ao ovo do mundo, à figura de Enoch e a Kwan-Yin estão entre as áreas abordadas.

Nos dois volumes que compõem a edição original de *A Doutrina Secreta*, Mme. Blavatsky citou opiniões de diversos viajantes, historiadores, antropólogos, orientalistas, cabalistas, filólogos, etnólogos, autores e eruditos – centenas de títulos – para comprovar a genealogia de suas ideias. É rara a página do livro em que ela não mencione alguma autoridade ou um sistema para mostrar que não está inventando seu tema. As três fontes que lhe deram a maior quantidade de referências foram a *Bíblia*, o *Vishnu-Purâna* e seu livro anterior, *Isis Unveiled*.[3] Da *Bíblia*, o *Gênese* e o *Êxodo* foram as partes mais utilizadas e muitas vezes interpretadas de uma maneira metafísica para respaldar suas ideias. Os *Purânas*, grandes repositórios de conhecimentos da Índia, têm cinco características distintivas: eles tratam da cosmologia, da aparição e dissolução de mundos, da genealogia dos deuses, dos períodos dos regidos pelos *Manus*, conhecidos como *Manvantaras*, e da linhagem das dinastias solares e lunares. O *Vishnu-Purâna*, que é o maior exemplo desse tipo de literatura, deu-lhe a oportunidade de apontar inúmeras narrativas alegóricas como indicadoras de suas alegações. Como

---

[3] *Ísis sem Véu*, livro publicado pela Editora Pensamento, São Paulo, 1991. (N. da T.)

observou ela mesma, "há mais sabedoria oculta sob as *fábulas* exotéricas dos *Purânas* e da *Bíblia* que em toda a ciência e em todos os *fatos* exotéricos da literatura universal" *(A Doutrina Secreta,* 2:42). Do *Vishnu-Purâna*, ela usou a tradução em cinco volumes de Horace Hayman Wilson, organizada por Fitzedward Hall e publicada em Londres entre 1864 e 1870, ainda hoje a única fonte completa em inglês desse texto.

A princípio, *A Doutrina Secreta* seria uma revisão do primeiro livro de Mme. Blavatsky, *Ísis sem Véu*, escrito dez anos antes. Originalmente publicado em dois volumes de mais de 1.400 páginas,[4] *Ísis* era uma "tentativa cautelosa" de apresentar ao público a ideia da existência da tradição esotérica e de sua sobrevivência até a atualidade. Tendo como subtítulo *Uma Chave-mestra para os Mistérios da Ciência e da Teologia Antigas e Modernas*, o livro buscava franquear acesso à sabedoria antiga e permitir um vislumbre de seu conteúdo. A chave teria de ser girada sete vezes, e em *Ísis*, segundo afirma a autora, isso ocorrera apenas uma vez. *A Doutrina Secreta* prometia dar mais uma volta nessa chave. Tanto *Ísis sem Véu* quanto *A Doutrina Secreta* começam com a referência a um livro antigo, obra original da qual só resta uma cópia. Dele derivam muitas outras obras ocultas. Produzido pelos Mestres Divinos da infância da humanidade, contém o fruto da sua investigação dos mistérios ocultos da natureza e dos poderes latentes da raça humana e constitui a fonte de onde provêm as estâncias de *Dzyan*.

Mas como Mme. Blavatsky obteve esse material? Ou mesmo o inventou ela própria? Sua instrução era parca. Criança mimada, nascida em uma família aristocrática do sul da Rússia em 1831, teria fatalmente aprendido francês, música e etiqueta. A mãe, romancista aclamada, morreu aos 28 anos de idade, quando Helena tinha 11. A menina foi morar com a avó materna, a princesa Helena Dolgoruki. Depois de um casamento arranjado, aos 17 anos, em 1849, Mme. Blavatsky deixou a Rússia para dar início a uma vida de viagens pelo mundo.

---

[4] Na edição brasileira, publicada pela Editora Pensamento, são quatro os volumes e 1.230 as páginas. (N. da T.)

Ela afirma ter conhecido seu mestre, um indiano que acompanhara a delegação do Nepal à Grande Exposição de Londres, no Crystal Palace, em 1851. Foi ele quem lhe disse que no Tibete havia uma escola esotérica frequentada por estudantes de diferentes nacionalidades. De acordo com o que diz Mme. Blavatsky, em meados da década de 1850, ela conseguiu chegar ao monastério de Tashi Lhunpo, sede do Panchen Lama, perto de Shigatse. A logística e a quantidade de equipamentos de viagem – carregadores, tendas, alimentos, utensílios de cozinha – considerados imprescindíveis por um inglês naquela época são citadas como razão da implausibilidade de uma viagem como essa. No entanto, em 1916, Alexandra David-Néel conseguiu fazer uma viagem a cavalo exatamente assim de Sikkim a Shigatse, com apenas um guia e uma mula de carga para transportar as tendas e os suprimentos necessários. Portanto, não se pode afastar inteiramente a possibilidade de Mme. Blavatsky ter feito uma peregrinação assim, principalmente pelo fato de o capitão Charles Murray, do Exército de Bengala, a ter encontrado na fronteira do Siquim em 1854.

Segundo sua irmã, Vera, Mme. Blavatsky retornou à Rússia antes do fim de 1858. Dez anos depois, ela voltou à Índia e viajou pela Caxemira e por Ladaque até a região então conhecida como Pequeno Tibete, a fim de estudar com seu mestre. Ali, com outro esoterista, um brâmane da Caxemira que falava inglês, ela aprendeu de cor as estâncias que formam *A Doutrina Secreta*. Após uma tentativa fracassada de iniciar uma sociedade espiritualista no Cairo em 1871, ela se mudou para Paris e, de lá, para Nova York em meados de 1873. Dois anos depois, teve papel decisivo na fundação da Sociedade Teosófica em 1875, e em 1877 publicou sua declaração de princípios, *Ísis sem Véu*. Sua inspiração estava clara, já que dizia ao leitor: "A obra que agora submetemos ao julgamento público é fruto do íntimo convívio com os adeptos orientais e do estudo de sua ciência." Certos temas abordados no livro, como "Os filósofos esotéricos professavam que tudo na natureza é apenas uma materialização do espírito. A Causa Primeira e Eterna é espírito latente, disseram eles, e matéria desde o princípio. [...] Com a primeira ideia, que emanou da Divindade bissexual e até então inativa, o primeiro movimento foi comunicado a todo o universo e a vibração elétrica foi instantaneamente sentida através do espaço sem fim. O espírito engendrou a força, e a força, a matéria; e assim a divindade latente manifestou-se como uma energia criadora" (*Ísis* 2:125), encontrariam explicação mais profunda em *A Doutrina Secreta*.

Em 1878, depois de tornar-se cidadã norte-americana, ela foi para a Índia, onde viajou por todo o subcontinente e, além de conhecer diversos *swamis* e brâmanes, assim como monges budistas no Ceilão, coligiu saberes e histórias próprias de todos os locais que visitou. Foi durante essa visita à Índia que resolveu fazer uma grande revisão de *Ísis sem Véu*, mas só depois que ela se estabeleceu na Alemanha foi que *A Doutrina Secreta* ganhou vida própria. Consumida pelo trabalho, Mme. Blavatsky passava mais de doze horas por dia sentada à escrivaninha, escrevendo sem parar, apesar do risco que corria sua vida. Às vésperas de sua mudança para Londres, em 1887, sua saúde piorara a ponto de deixá-la praticamente em coma. O médico que a tratava nada mais pôde fazer, e mandou vir de Londres um especialista. Como não parecia ter ocorrido nenhuma melhora, era preciso providenciar a elaboração de seu testamento. Além de um advogado, convocou-se para o dia seguinte a presença do médico e do cônsul norte-americano, como testemunhas. Seu estado piorou durante a noite, e já não havia esperança de que ela sobrevivesse muito tempo. Porém, de manhã, para assombro de todos, Mme. Blavatsky estava bem viva e desperta. Segundo lhes revelou, durante a noite foi-lhe dada a opção de escolher morrer e libertar-se do sofrimento ou viver e concluir *A Doutrina Secreta*. Ela escolhera viver.

Quando enfim se mudou para Londres, o manuscrito tinha mais de 90 centímetros de altura. Archibald Keightley e seu tio, Bertram Keightley, encarregaram-se de prepará-lo para impressão. Com idades tão próximas que às vezes eram tomados por irmãos, eles foram lembrados por Mahatma Gandhi graças a seu grande interesse pela filosofia oriental, o que o teria animado a estudar com eles o *Bhagavad Gitâ* quando era aluno de direito em Londres. Como muitos outros, eles também foram cativados pelas estâncias de *Dzyan*, cuja tradução figura no texto, e organizaram o livro com base nelas. Cada volume começaria com as estâncias e o comentário, seguidos de uma seção sobre simbolismo e, depois, outra sobre ciência.

Encadernados em tecido cinzento, os dois volumes originais de *A Doutrina Secreta* foram publicados em 1888 com o selo da recém-criada editora da Sociedade Teosófica, a Theosophical Publishing Society of London, no outono do hemisfério norte. Esgotaram-se rapidamente, tendo sido preciso encomendar outra impressão antes do fim desse mesmo ano. O livro continua sendo publicado até hoje e tornou-se um dos clássicos mundiais do esoterismo, seja no original, em língua inglesa, ou em traduções. Ele constitui a fonte de inspiração de toda uma geração de escritores, artistas e músicos: Mme. Blavatsky faz parte da mitologia do livro *Ulysses*, de James Joyce; o escritor D. H. Lawrence ficou intrigado com o que ela escreveu acerca do ovo do mundo e o compositor Alexander Scriabin pretendia musicar *A Doutrina Secreta*.

Independentemente de provirem das profundezas do consciente de Mme. Blavatsky ou de serem as meditações de antigos videntes, as estâncias de *Dzyan* tiveram impacto duradouro sobre os grupos esotéricos subsequentes. Alguns autores tentaram repetir o sucesso das estâncias produzindo versões recebidas mediunicamente, ao passo que outros, usando informações obtidas nos contatos com seu próprio plano interior, como a ocultista Dion Fortune em seu tratado *The Cosmic Doctrine*,[5] descrevem o processo criador do universo com base em um plano e uma terminologia muito parecidos com o que se encontra escrito em *A Doutrina Secreta* de Blavatsky. Porém nenhuma versão conseguiu repetir o feito de seu livro.

O presente resumo dá ao leitor uma oportunidade de acesso aos ensinamentos essenciais de *A Doutrina Secreta*. As tentativas anteriores

---

[5] *A Doutrina Cósmica*, publicado pela Editora Pensamento, São Paulo, 1983.

de condensá-la, empreendidas por alguns teosofistas, só serviram para reforçar ainda mais a sua imagem de livro-texto intrincado, compreensível apenas para os especialistas. Meu trabalho de condensação de *Ísis sem Véu*, publicado há dez anos, revelou-se de um auxílio inestimável na produção de um resumo acessível dos principais temas expostos nas 1.500 páginas da edição em língua inglesa desse texto. Em ambos os livros, abundam referências de outros autores: são mais de mil em cada um. Embora sejam muitas vezes ilustrativas, elas não são indispensáveis, e a remoção da maioria delas pôs em destaque a essência de *A Doutrina Secreta*.

Por tratarem dos interesses e das preocupações da ciência novecentista, foi impossível preservar as seções sobre ciência, que foram, assim, omitidas. Três dos capítulos da seção sobre ciência (volume 2 da edição brasileira) são especialmente dignos do exame daqueles que se interessarem em ver como o livro trata dessa área: "Sobre os elementos e os átomos", "Deuses, mônadas e átomos" e "Evolução cíclica e carma". O trecho a seguir é um exemplo desse material omitido.

> O Grande Ciclo abrange o progresso da Humanidade desde o aparecimento do homem primordial de formas etéreas. Ele circula através dos Ciclos internos da evolução progressiva do homem, desde o homem etéreo ao semietéreo e ao puramente físico, até a libertação do homem de sua "veste de pele" e de matéria; e depois prossegue em seu curso descendente, e passa de novo ao ascendente, para recolher-se ao atingir o ponto culminante da Ronda, quando a Serpente manvantárica "engole a própria cauda", e são decorridos sete Ciclos Menores. Esses são os Grandes Ciclos de Raça, que incluem por igual todas as nações e tribos pertencentes àquela Raça especial; mas, dentro deles, há Ciclos menores ou nacionais, como também Ciclos de tribos, que seguem seu próprio curso, sem dependerem uns dos outros. O Esoterismo oriental lhes dá o nome de Ciclos Cármicos.
>
> *A Doutrina Secreta*, 2:354

Parte da função do livro, segundo a autora, era corrigir "as estranhas e fantásticas especulações a que se deram vários teósofos e estudantes de misticismo". Aproximadamente dezessete páginas do volume 1 (pp. 196-212) são dedicadas a uma revisão dos conceitos errôneos de outros autores teosóficos com opiniões divergentes sobre a evolução septenária da cadeia planetária e das rondas. Esse é, aliás, um assunto tão complexo que Mme. Blavatsky preferiu deixar sem tradução várias estâncias que tratam da questão. As partes omitidas abordavam os estágios que compõem o desenvolvimento planetário. Os sete globos que formam o ciclo planetário funcionam em diferentes planos, sendo o nosso globo, o quarto e o mais material deles. O desenvolvimento da humanidade processa-se ao longo de sete estágios em cada globo sucessivo. A vida terrena representa o quarto dos estágios desse percurso, e a presente humanidade é a quinta raça a existir no planeta. A maioria dos leitores ficará grata por sua decisão de passar por cima desses trechos, e o mesmo se fez aqui.

O que surge nitidamente quando se remove todo esse material é a visão atemporal das estâncias. Parte da popularidade de que Mme. Blavatsky desfruta até hoje decorre de sua habilidade como escritora, e isso é demonstrado na linguagem poética com que ela veste as estâncias. Tentando expressar o estado de latência precondicionada, ela diz: "O Tempo não existia, porque dormia no seio infinito da duração." Sua linguagem está repleta de imagens gráficas e, tomando as estâncias por aquilo a que elas se arrogam – o processo de meditação de gerações de videntes que ponderavam o mistério da criação –, os versos devem ter alguma força evocativa própria. Pensando nisso, tomou-se o cuidado de preservar o estilo de Mme. Blavatsky e de obedecer à injunção dos Oráculos Caldeus: "não alterar as *nomina barbara*", ou língua bárbara, aquelas palavras estranhas e muitas vezes ininteligíveis dos textos oraculares que são usadas para invocações, evocações, meditações ou apenas como mantras.

Como não se dá a esse material outro que não o título genérico de Livro de *Dzyan*, ele bem poderia intitular-se Hino, ou Canção, da

Mônada, pois todo o processo da criação, manifestando-se em universos, sistemas solares e mundos, culmina no desenvolvimento da humanidade e do seu espírito, ou a mônada. Usando método idêntico ao do axioma hermético, "assim em cima como embaixo", as estâncias mostram o desenvolvimento paralelo da humanidade e do kosmos (o universo, para diferenciação do nosso sistema solar, o cosmos). Depois de assumir inúmeras formas, a Mônada, a centelha Divina, chega ao estágio humano e, com o desenvolvimento da mente, consegue dar sentido à sua experiência. Valendo-se de meios concebidos e induzidos por ela própria, a humanidade eleva-se acima da forma e ocupa seu lugar de partícipe do processo criador.

A Doutrina Secreta foi a última grande obra de Mme. Blavatsky. Três anos depois de sua publicação, ela morreu. A contínua demanda por seus escritos é um tributo inquestionável à sua grande capacidade de síntese, e o presente resumo, destinado a um novo século e uma nova geração, permite ao leitor ir ao cerne da questão. Ao apresentar a primeira edição crítica das estâncias de *Dzyan*, baseada não apenas em material publicado, mas também em material inédito, seguimos o exemplo da autora, já que ela indica que as "estâncias representam um apelo mais para as faculdades internas que para a compreensão ordinária do cérebro físico". Com esse método, o estudante que se concentra na mensagem – e não no significado – inicia a jornada ali descrita até a realização do seu ser.

Ao apresentar seu livro ao mundo, Mme. Blavatsky propôs a seguinte analogia:

> Quando um viajante, procedente de regiões bem exploradas, chega de súbito às fronteiras de uma *terra incógnita*, circundada e oculta à vista por imensa barreira de rochas inacessíveis, pode, apesar disso, negar-se a reconhecer que se viu frustrado em seus planos de observação. O obstáculo o impede de passar adiante. Mas, se não lhe é dado visitar pessoalmente a misteriosa terra, pode, sim, encontrar meios de examiná-la do ponto mais próximo a que tenha acesso.

Auxiliado pelo conhecimento das paisagens que deixou atrás, pode formar uma ideia geral e suficientemente correta da perspectiva adiante da barreira, bastando, para isso, subir às elevações da vizinhança. Uma vez ali, ser-lhe-á fácil contemplar à vontade o panorama que além se descortina, e comparar o que confusamente percebe com o que lhe ficou para trás; pois, mercê de seus esforços, conseguiu transpor a linha das brumas e dos cimos cobertos de nuvens.

A Doutrina Secreta, 1:62

O presente resumo propicia os meios para se chegar a esse ponto de vista, de onde se pode vislumbrar, por experiência própria, essa região ignota.

Uma observação a respeito do texto

As estâncias de *Dzyan* constituem a base de *A Doutrina Secreta*. Elas são a estrutura com que o livro interage e à qual ele reage. A fonte de nossas informações sobre o texto é a própria Mme. Blavatsky. De acordo com ela, esse texto é uma das séries de instruções dadas aos estudantes de esoterismo no Oriente. Ela aprendeu algumas de suas partes durante a permanência com seu mestre no norte da Índia e no Tibete. O livro de *Dzyan*, conforme diz, é o primeiro volume dos Comentários sobre os sete fólios secretos do *Kiu-te* (*Gyud-sde*). Os volumes exotéricos do *Gyud-sde*, ou tantra, podem ser encontrados em qualquer mosteiro gelugpa. Mas, por serem parte dos ensinamentos esotéricos, os Comentários são mantidos separadamente e entregues aos cuidados do Panchen Lama, do Tibete, a cuja linhagem aparentemente ela dedicava particular consideração.

O texto, conforme o apresenta, não é uma tradução literal, que seria "de todo incompreensível" para os leitores, mas, sim, sua interpretação dele, com o acréscimo de explicações entre parênteses. Para complicar a situação, o texto original era em *senzar*, "a língua secreta dos iniciados", que não era uma língua fonética, mas, sim, "pictórica e simbólica". Ele foi traduzido para o sânscrito e o tibetano e, dessas línguas, para o inglês, meio pelo qual Mme. Blavatsky tomou conhecimento desse ensinamento. Segundo uma referência que temos, ela estudou esse material durante sua permanência com o mestre, em 1868, na região então conhecida como Pequeno Tibete, atual Ladaque. As estâncias de *Dzyan* são sua transmissão desse legado.

Enquanto preparava a edição crítica dessas lendárias estâncias, comparei as diversas versões da primeira edição e das edições subsequentes de *A Doutrina Secreta*, juntamente com aquelas que a autora incluiu em suas discussões sobre o livro em *Transactions of the Blavatsky Lodge* (Londres, 1890 e 1891). Utilizei as estâncias do manuscrito do primeiro rascunho do livro, agora guardadas nos arquivos da Sociedade Teosófica, em Adyar, na Índia, além das que figuram nos volumes inéditos de *Transactions of the Blavatsky Lodge*. Ocasionalmente, Mme. Blavatsky incorpora uma palavra em sânscrito, tibetano ou chinês à sua tradução. Essas foram mantidas, em benefício do leitor que tem alguma familiaridade com esses termos e suas nuances de sentido.

Há mais de um século, *A Doutrina Secreta* é abordada como um livro para estudo. Estudiosos classificaram e analisaram seu conteúdo, e inúmeros estudos foram publicados. Em seu primeiro livro, *Ísis sem Véu*, Mme. Blavatsky sugeriu a metodologia para os que desejam acercar-se desses temas: partir do universal para o particular. Obter a visão geral, apreender primeiro o conceito, para depois preocupar-se com os detalhes, pois esses estão sempre abertos à interpretação. Como observou em *A Doutrina Secreta*, "o explorador audaz, que deseje sondar os mais recônditos segredos da Natureza, deve transpor os estreitos limites dos sentidos e transferir sua consciência à região dos Númenos e à esfera das Causas Primordiais. Para consegui-lo, cumpre-lhe desenvolver faculdades que [...] se acham completamente adormecidas [...]".

Pensando nisso, dos comentários de Mme. Blavatsky, acrescentamos apenas o suficiente para esclarecer algumas das expressões e dos conceitos presentes nas estâncias, para que o leitor não se desvie por causa da descrição das coisas em si. Assim, as estâncias assumem um papel mais central e podem "falar" com mais clareza que antes. Com suas estranhas cadências e seu fluir rítmico, elas fornecem os meios para uma forma alternativa de ver o mundo, a humanidade e a saga da criação – ou, como diz a autora, "uma visão da Eternidade". Fato ou ficção, as estâncias constituem um dos grandes mitos de nossa época, cuja influência sobre o esoterismo moderno é inegável.

Os capítulos sobre a função da representação simbólica fornecem as chaves para a interpretação da linguagem codificada do mistério dos iniciados utilizada nas estâncias. Nessa parte da obra, por meio de numerosas fontes, a técnica de ver a mesma coisa de diferentes maneiras é ilustrada. As notas acrescentadas pelo editor figuram entre parênteses. Helena Petrovna Blavatsky tinha um vocabulário rico, e *A Doutrina Secreta* está repleta de termos de outras línguas, interpretados ao seu próprio modo. No índice, o leitor encontrará mais informações sobre os nomes dos diversos deuses e sobre conceitos religiosos e filosóficos, além das fontes que os citam e figuram neste resumo. Procurei extrapolar no contexto do próprio livro, utilizando os escritos da autora para extrair definições, em vez de fornecer uma tradução literal. Para aqueles que quiserem mais, está disponível a edição completa em língua portuguesa de *A Doutrina Secreta* – composta de seis volumes e mais de 2 mil páginas –, de cujo manuscrito há diversas versões, inclusive um fac-símile da edição original de 1888.

A DOUTRINA SECRETA

PREFÁCIO

Estas verdades não são, de modo algum, expostas com o caráter de *revelação*; nem a autora tem a pretensão de se fazer passar por uma reveladora de conhecimentos místicos que estivessem sendo agora trazidos à luz pela primeira vez na história. A matéria contida nesta obra pode-se encontrar esparsa nos milhares de volumes que encerram as Escrituras das grandes religiões asiáticas e das primitivas religiões europeias, oculta sob glifos e símbolos e que, até agora, passaram despercebida por causa desse véu. O que aqui se cogita é reunir as mais antigas doutrinas e com elas formar um conjunto harmônico e contínuo. A única vantagem dessa autora em relação aos seus predecessores é a de não precisar recorrer a especulações ou teorias pessoais, pois esta obra não representa mais do que uma exposição parcial de ensinamentos recebidos de estudantes mais adiantados, com a suplementação, no que diz respeito a alguns pormenores, dos resultados de seu próprio estudo e de sua observação. A publicação de muitos dos fatos aqui mencionados se torna necessária em razão das estranhas e fantásticas especulações a que se deram vários teósofos e estudantes de misticismo nos últimos anos, no afã de formular um sistema de pensamento completo a partir do pequeno número de fatos que lhes foi transmitido.

Uma das maiores e provavelmente a mais importante das objeções contra a veracidade do presente livro, e a confiança que deva inspirar, refere-se às ESTÂNCIAS preliminares: "Como comprovar as declarações nelas contidas?" Em verdade, se grande parte das obras sânscritas, chinesas e mongólicas citadas nestes volumes é conhecida de alguns orientalistas, a obra principal, aquela da qual foram recolhidas as estâncias, não figura nas bibliotecas europeias. O Livro de *Dzyan* (ou *Dzan*) é completamente ignorado pelos nossos filólogos ou, pelo menos, jamais ouviram falar dele com esse nome. Eis, sem dúvida, um grave obstáculo para todos os que seguem os métodos de investigação prescritos pela ciência oficial. Para os estudantes de Ocultismo, porém, e para todo verdadeiro Ocultista, isso não terá maior importância. O corpo principal das doutrinas expostas se encontra disseminado em centenas e até milhares de manuscritos sânscritos, alguns já traduzidos – e, como de costume, desfigurados em sua significação –, outros à espera de que lhes chegue a vez. Todo homem de ciência tem, portanto, oportunidade para verificar os assertos e a maior parte das citações que se fazem. Há alguns fatos novos (*novos* unicamente para o orientalista profano), assim como certas passagens provenientes dos Comentários, cuja fonte será difícil identificar. Vários ensinamentos, além disso, só foram até agora objeto de transmissão oral; em todo caso, porém, existem referências a eles nos volumes quase inumeráveis da literatura dos templos bramânicos, chineses e tibetanos.

Antes de o leitor entrar no conhecimento das estâncias do Livro de *Dzyan*, que formam a base da presente obra, é absolutamente necessário que apreenda os poucos conceitos fundamentais que informam e interpenetram todo o sistema de pensamento para o qual sua atenção vai ser dirigida. Essas ideias fundamentais são poucas em número, mas de sua clara percepção depende a inteligência de tudo o que se segue; não é necessário, portanto, encarecer ao leitor quanto importa familiarizar-se com elas antes de iniciar a leitura da obra.

A Doutrina Secreta estabelece três proposições fundamentais:

(a) Um PRINCÍPIO Onipresente, Eterno, Sem Limites e Imutável, sobre o qual toda especulação é impossível, porque transcende o poder da concepção humana e porque toda expressão ou comparação da mente humana não poderia senão diminuí-lo. Está além do horizonte e do alcance do pensamento ou, segundo as palavras da *Mândûkya Upanishad*, é "inconcebível e inefável".

Para que possa compreender mais claramente essas ideias, o leitor deve adotar como ponto de partida o seguinte postulado: há uma Realidade Absoluta, anterior a tudo que é manifestado ou condicionado. Essa Causa Infinita e Eterna, vagamente formulada no "Inconsciente" e no "Incognoscível" da filosofia europeia em voga, é a raiz sem raiz de "tudo quanto foi, é e será". É ela, naturalmente, desprovida de todo e qualquer atributo, e permanece essencialmente sem nenhuma relação com o Ser manifestado e finito. É a "Seidade", mais propriamente que o Ser (*Sat* em sânscrito), e está fora do alcance de todo pensamento ou toda especulação.

Essa Seidade é simbolizada na Doutrina Secreta sob dois aspectos. De um lado, o Espaço Abstrato Absoluto, representando a subjetividade pura, aquilo que nenhuma mente humana pode excluir de qualquer conceito nem conceber por si só. De outro lado, o Movimento Abstrato Absoluto, que representa a Consciência Incondicionada. Os próprios pensadores ocidentais têm afirmado que a Consciência, separada da transformação, é inconcebível para nós, e o movimento é o melhor símbolo da transformação e sua característica essencial. Este último aspecto da Realidade Una é ainda simbolizado pela expressão "o Grande Sopro", um símbolo sugestivo o bastante para não necessitar de outra explicação. Assim, o primeiro axioma fundamental da Doutrina Secreta é este UM ABSOLUTO metafísico – a SEIDADE –, representado na Trindade teológica pela inteligência finita.

(b) A Eternidade do Universo *in toto*, como plano sem limites; periodicamente, "cenário de Universos inumeráveis manifestando-se e desaparecendo incessantemente", chamados "as estrelas que se manifestam"

e as "centelhas da Eternidade". "A Eternidade do Peregrino"[1] é como um abrir e fechar de olhos da Existência-por-si-Mesma (Livro de *Dzyan*). "O aparecimento e o desaparecimento de Mundos são como o fluxo e o refluxo periódico das marés."

Esse segundo asserto da Doutrina Secreta é a universalidade absoluta daquela lei de periodicidade, de fluxo e refluxo, de crescimento e decadência, que a ciência física tem observado e registrado em todos os departamentos da natureza. Alternâncias tais como Dia e Noite, Vida e Morte, Sono e Vigília são fatos tão comuns, tão perfeitamente universais e sem exceção, que será fácil compreender por que divisamos nelas uma das leis absolutamente fundamentais do universo.

(c) A identidade fundamental entre todas as Almas e a Alma Suprema Universal, sendo esta última um aspecto da Raiz Desconhecida e a peregrinação obrigatória para todas as Almas, centelhas daquela Alma Suprema, através do Ciclo da Encarnação (ou "Necessidade"), de acordo com a lei Cíclica e Cármica, durante todo esse período. Em outras palavras: nenhum *Buddhi* (Alma Divina) puramente espiritual pode ter uma existência independente (consciente) antes que a centelha emanada da Essência pura do sexto princípio universal – ou seja, da ALMA SUPREMA – tenha (a) passado por todas as formas elementais pertencentes ao mundo fenomenal do *Manvantara* e (b) adquirido a individualidade, primeiro por impulso natural e depois à custa de esforços concebidos e induzidos por ela própria (em subordinação ao seu *carma*), escalando assim todos os graus de inteligência, desde o *Manas* inferior até o *Manas* superior; desde o mineral e a planta ao arcanjo mais sublime (*Dhyâni-Buddha*). A doutrina axial da filosofia esotérica não admite a outorga de privilégios nem de dons especiais ao homem, salvo aqueles que forem conquistados por seu próprio Ego com esforço e mérito pessoal, no decorrer de uma longa série de metempsicoses e reencarnações.

---

[1] "Peregrino" é o nome dado à nossa *Mônada* (o dois em um) durante seu ciclo de encarnações. É o único princípio imortal e eterno que existe em nós, sendo uma parcela indivisível do todo integral, o Espírito Universal, de que emana e em que é absorvida no final do ciclo.

As estâncias que formam a tese de cada seção são reproduzidas mediante sua tradução em linguagem moderna: apresentá-las no estilo arcaico do original, com suas expressões e seus termos enigmáticos, seria complicar e dificultar o assunto de maneira mais que inútil. Intercalamos excertos das traduções chinesa, tibetana e sânscrita do texto original em *senzar* dos Comentários e Glosas sobre o Livro de DZYAN; sendo esta a primeira vez que essas traduções são vertidas em uma língua europeia. É quase desnecessário dizer que apenas partes das estâncias são aqui apresentadas; sua publicação completa não as tornaria compreensíveis para ninguém, à exceção dos poucos Ocultistas mais graduados. A própria autora – ou melhor, a humilde redatora destas linhas – não precisa garantir ao leitor que não entende aqueles trechos suprimidos mais que a maioria dos profanos. Para facilitar a leitura e reduzir ao mínimo as notas ao pé das páginas, considerou-se melhor dispor textos e comentários uns após os outros, empregando nomes sânscritos e tibetanos quando não pudessem ser evitados, em vez de empregar os originais. Isso só trará benefício à compreensão, tanto mais que esses termos são todos aceitos como sinônimos e os primeiros são usados apenas entre os Mestres e seus Chelas (ou discípulos).

O leitor que não é teósofo pode – se bem lhe parecer – ver em tudo o que se segue não mais que um conto de fadas: no máximo, uma especulação de sonhadores, destituída de provas, e, no mínimo, uma nova hipótese entre as muitas hipóteses científicas passadas, presentes e futuras, algumas derrubadas, outras perdurando ainda. Em todo caso, ela não é pior que muitas das assim chamadas teorias científicas, mas certamente é mais filosófica e mais provável.

PARTE UM

COSMOGÊNESE

Estância I

A NOITE DO UNIVERSO

(A primeira estância descreve o estado do TODO UNO durante o Pralaya, antes do palpitar da manifestação em seu redespertar.)

1. O ETERNO PAI/MÃE (O ESPAÇO), ENVOLTO EM SUAS SEMPRE INVISÍVEIS VESTES, HAVIA ADORMECIDO UMA VEZ MAIS DURANTE SETE ETERNIDADES.

O "Espaço Pai/Mãe" é a Causa eterna e onipresente de tudo; a incompreensível DIVINDADE, cujas "invisíveis vestes" são a raiz mística de toda matéria e do Universo.

As Sete "Eternidades" significam eons, eras ou períodos.

2. O TEMPO NÃO EXISTIA, PORQUE DORMIA NO SEIO INFINITO DA DURAÇÃO.

O tempo, que é apenas uma ilusão ocasionada pela sucessão dos nossos estados de consciência à medida que viajamos através da duração eterna, deixa de existir para "jazer adormecido" quando não há consciência em que tal ilusão possa produzir-se.

Nada há sobre a Terra que tenha duração real, pois nada permanece imutável ou igual durante um bilionésimo de segundo que seja; e a sensação que temos da realidade desta divisão do "tempo" conhecida como presente provém da atenuação da impressão momentânea ou das impressões sucessivas que as coisas transmitem aos nossos sentidos, à medida que passam da região do ideal, que chamamos futuro, à região da memória, que denominamos passado. As pessoas e as coisas reais não consistem unicamente do que se vê em um dado momento, mas compõem-se da soma de todas as suas múltiplas e cambiantes condições, desde o instante em que ganham forma material até aquele em que deixam de existir sobre a Terra.

3. ... A MENTE UNIVERSAL NÃO EXISTIA PORQUE NÃO HAVIA AH-HI (SER CELESTIAL) QUE A CONTIVESSE (NEM, PORTANTO, QUE A MANIFESTASSE).

Mente é o nome que se dá à totalidade dos estados de Consciência agrupados como Pensamento, Vontade e Sentimento. Durante o sono profundo, cessa o trabalho da ideação no plano físico e a memória é suspensa; assim, em todo esse tempo, a "mente não existe" porque o órgão por meio do qual o Ego manifesta a ideação e a memória no plano material cessa temporariamente de funcionar.

Os AH-HI (*Dhyân-Chohans*) são as legiões de seres espirituais – as Legiões Angélicas do cristianismo, os *Elohim* e os "Mensageiros" do povo judeu – que constituem o veículo da manifestação do pensamento e da vontade divina ou universal. São as Forças Inteligentes que elaboram as "leis" da Natureza e as fazem executar enquanto cumprem, por sua vez, as leis que lhe são analogamente impostas por potências ainda mais elevadas. Porém não são "as personificações" das forças da Natureza, como erroneamente se tem acreditado.

4. OS SETE CAMINHOS PARA A FELICIDADE (*MOKSHA* OU *NIRVANA*) NÃO EXISTIAM. AS GRANDES CAUSAS DA DESGRAÇA (*NIDÂNA* E *MÂYÂ*) NÃO EXISTIAM PORQUE NÃO HAVIA ALGUÉM QUE AS PRODUZISSE E FOSSE POR ELAS APRISIONADO.

As doze *Nidânas* ou causas da existência. Cada uma é o efeito da causa antecedente e, por sua vez, a causa da que lhe sucede.

Mâyâ, ou ilusão, é um elemento que participa de todas as coisas finitas, pois tudo que existe tem apenas uma realidade relativa, e não absoluta, tendo em vista que a aparência assumida pelo número oculto perante todo e qualquer observador depende do poder de cognição desse.

À medida que nos vamos elevando na escala do desenvolvimento, percebemos que, nos estágios já percorridos, havíamos tomado sombras por realidades e que o progresso ascendente do Ego é um contínuo e sucessivo despertar, cada passo à frente levando consigo a ideia de que então alcançamos a "realidade". Mas só quando tivermos atingido a Consciência absoluta e com ela operarmos a fusão da nossa é que iremos libertar-nos das ilusões produzidas por Mâyâ.

5. SÓ AS TREVAS ENCHIAM O TODO SEM LIMITES PORQUE PAI, MÃE E FILHO ERAM NOVAMENTE UM, E O FILHO AINDA NÃO HAVIA DESPERTADO PARA A NOVA RODA[1] E SUA PEREGRINAÇÃO POR ELA.

"As Trevas são Pai-Mãe; a luz, sua filha", diz um antigo provérbio oriental. As trevas são, portanto, a matriz eterna na qual as origens da luz aparecem e desaparecem. Quando todo o universo estava mergulhado no sono – isto é, quando havia regressado ao seu elemento primordial –, não existia nem centro de luminosidade nem olho para perceber a luz, e as trevas necessariamente enchiam o todo sem limites.

Pai-Mãe são os princípios masculino e feminino na natureza-raiz, os polos opostos que se manifestam em todas as coisas de todos os planos do Kosmos, ou Espírito e Substância, em um aspecto menos alegórico, cuja resultante é o Universo, ou o Filho.

6. OS SETE SENHORES SUBLIMES E AS SETE VERDADES HAVIAM CESSADO DE SER, E O UNIVERSO, FILHO DA NECESSIDADE, ESTAVA MERGULHADO EM PARANISHPANNA (PERFEIÇÃO ABSOLUTA, *PARINIRVANA*, QUE É *YONG-GRUB*), PARA SER EXPIRADO POR AQUELE QUE É E, TODAVIA, NÃO É. NADA EXISTIA.

Os sete senhores sublimes são os Sete Espíritos Criadores, os *Dhyân-Chohans*, que correspondem aos *Elohim* do povo hebreu.

---

[1] A "roda" é a expressão simbólica de um mundo ou globo. A "Grande Roda" é a duração completa do nosso Ciclo de Existência.

"*Paranishpanna*" é a perfeição absoluta que todas as existências alcançam ao fim de um grande período de atividade e em que permanecem durante o período seguinte de repouso. Chama-se em tibetano *Yong-grub*.

O aparecimento e o desaparecimento do Universo são descritos como expiração e inspiração do "Grande Sopro", que é eterno e que, sendo Movimento, é um dos três aspectos do Absoluto; os outros dois são o Espaço Abstrato e a Duração. Quando o "Grande Sopro" expira, é chamado o Sopro Divino e considerado a respiração da Divindade Incognoscível – a Existência Una –, emitindo esta, por assim dizer, um pensamento, que vem a ser o Kosmos. De igual modo, quando o Sopro Divino é novamente inspirado, o Universo desaparece no seio da "Grande Mãe", que então dorme "envolta em suas sempre invisíveis vestes".

Por "aquele que é e, todavia, não é" entende-se o Grande Sopro em si.

7. AS CAUSAS DA EXISTÊNCIA HAVIAM SIDO ELIMINADAS; O VISÍVEL, QUE FOI, E O INVISÍVEL, QUE É, REPOUSAVAM NO ETERNO NÃO SER, O ÚNICO SER.

"As Causas da Existência" significam não somente as causas físicas conhecidas pela ciência, mas também as causas metafísicas, a principal das quais é o desejo de existir, uma resultante de *Nidâna* e *Mâyâ*. Esse desejo de uma vida senciente manifesta-se em todas as coisas, de um átomo a uma estrela, e é um reflexo do Pensamento Divino impelido à existência objetiva por uma lei que dita ao Universo que exista.

8. SOZINHA, A FORMA UNA DE EXISTÊNCIA, SEM LIMITES, INFINITA, SEM CAUSA, PERMANECIA EM UM SONO SEM SONHOS; E A VIDA PULSAVA INCONSCIENTE NO ESPAÇO UNIVERSAL, EM TODA A EXTENSÃO DAQUELA ONIPRESENÇA QUE O "OLHO ABERTO" DE DANGMA PERCEBE.[2]

O sono sem sonhos é um dos sete estados de consciência conhecidos no esoterismo oriental. Em cada um desses estados entra em ação

---

[2] *Dangma* significa alma purificada, aquele que se tornou o adepto mais elevado. Seu "olho aberto" é o olho espiritual e interno dos médiuns.

uma parte distinta da mente. Nesse caso, a expressão "sono sem sonhos" é aplicada alegoricamente ao Universo para exprimir uma condição algo semelhante àquele estado de consciência, no homem, que, não dando lugar a nenhuma lembrança no estado de vigília, parece um vazio.

9. ONDE, PORÉM, ESTAVA DANGMA QUANDO O ALAYA DO UNIVERSO (*A ALMA COMO BASE DE TUDO, ANIMA MUNDI*) SE ENCONTRAVA EM PARÂMARTHA (*O SER ABSOLUTO E A CONSCIÊNCIA ABSOLUTA, QUE SÃO O ABSOLUTO NÃO SER E A ABSOLUTA INCONSCIÊNCIA*) E A GRANDE RODA ERA ANUPÂDAKA?

Segundo o ensinamento esotérico, *Alaya* – que é literalmente a "Alma do Mundo", ou *Anima Mundi* – muda periodicamente de natureza. Apesar de eterna e imutável em sua essência interna nos planos inalcançáveis pelos homens ou pelos Deuses Cósmicos (*Dhyâni-Buddhas*), *Alaya* altera-se durante o período de vida ativa que diz respeito aos planos inferiores, inclusive o nosso. Durante esse tempo, não só os *Dhyâni-Buddhas* são unos com *Alaya* em Alma e Essência, mas até o homem que realizou o *Yoga* (meditação mística) "é capaz de fundir sua alma nela" (Aryâsanga). Isso não é o *Nirvana*, mas, sim, uma condição que dele se aproxima.

Ensina a filosofia esotérica que tudo vive e é consciente, mas não que toda vida e consciência sejam semelhantes às vidas e consciências dos seres humanos ou mesmo dos animais. Nós consideramos a vida como "a forma una de existência" manifestando-se no que chamamos matéria, ou naquilo que, no homem, chamamos Espírito, Alma e Matéria (separando-os sem razão). A matéria é o veículo para a manifestação da alma neste plano de existência, e a alma é o veículo para a manifestação do espírito em um plano mais elevado, e os três formam uma trindade sintetizada pela Vida, que os interpenetra a todos.

A palavra *Anupâdaka*, "sem pais" ou sem progenitores, é uma designação mística que tem várias significações na filosofia. Daí o emprego da expressão "o Universo era *Anupâdaka*" quando se alude ao Universo em seu estado informe, eterno e absoluto, antes de ser formado pelos "Construtores".

Estância II

A IDEIA DE DIFERENCIAÇÃO

(O estágio descrito na estância II é praticamente idêntico ao mencionado na primeira estância.)

1.... ONDE ESTAVAM OS CONSTRUTORES, OS FILHOS RESPLANDECENTES DA AURORA DO MANVANTARA? ... NAS TREVAS DESCONHECIDAS, EM SEU AH-HI (CHOHÂNICO, DHYÂNI-BÚDDHICO) PARANISHPANNA. OS PRODUTORES DA FORMA (*RÛPA*), TIRADA DA NÃO FORMA (*ARÛPA*), QUE É A RAIZ DO MUNDO, DEVAMÂTRI[1] E SVABHÂVAT, REPOUSAVAM NA FELICIDADE DO NÃO SER.

Os "Construtores", os "Filhos da Aurora do Manvantara", são os verdadeiros criadores do Universo.

Importa lembrar que *Paranishpanna* é o *summum bonum*, o Absoluto. Além de ser o estado final, é aquela condição de subjetividade relacionada exclusivamente com a verdade una absoluta (*Paramârtha-satya*) em seu próprio plano.

2. ... ONDE ESTAVA O SILÊNCIO? ONDE ESTAVAM OS OUVIDOS PARA PERCEBÊ-LO? NÃO, NÃO HAVIA SILÊNCIO NEM SOM: NADA, A NÃO SER O INCESSANTE ALENTO ETERNO (*MOVIMENTO*), DE SI MESMO IGNOTO.

---

[1] "Mãe dos Deuses", *Aditi* ou Espaço Cósmico.

O "Alento" da Existência Una é a expressão adotada pelo esoterismo arcaico só no que diz respeito ao aspecto espiritual da Cosmogonia; do contrário, essa expressão é substituída pelo seu equivalente no plano material: o Movimento.

O Elemento Eterno é Único, ou Veículo que contém os elementos, é o *Espaço* sem dimensões em qualquer sentido; coexistente com a *duração* sem fim, com a *matéria* primordial (e, portanto, indestrutível) e com o *movimento*, o "movimento perpétuo" absoluto, que é o "alento" do Elemento "Uno". Esse alento, como foi visto, não pode cessar jamais, nem mesmo durante as eternidades pralaicas. Mas o "Alento da Existência Una", do mesmo modo, não se aplica à *Causa Una sem Causa*, ou "Onisseidade" (em oposição ao Todo-Ser, que é *Brahmâ* ou o Universo).

3. A HORA AINDA NÃO HAVIA SOADO; O RAIO AINDA NÃO HAVIA BRILHADO DENTRO DO GERME; A MÂTRIPADMA (A *MÃE LÓTUS*) AINDA NÃO HAVIA INTUMESCIDO.

Ao ser emitido, o raio das "Trevas Eternas" converte-se em um raio de luz resplandecente ou de vida, e penetra no "Germe" – o ponto no Ovo do Mundo, representado pela matéria em seu sentido abstrato. Não se deve, porém, entender a expressão "Ponto" como aplicável a um ponto específico do Espaço, pois existe um germe no centro de cada um dos átomos, e estes coletivamente constituem "o Germe"; ou melhor, como nenhum átomo pode se tornar visível aos nossos olhos físicos, a sua coletividade (se é possível empregar o termo em relação a algo que é ilimitado e infinito) representa o númeno da matéria eterna e indestrutível.

Uma das figuras simbólicas do poder Dual e criador da Natureza (matéria e força no plano material) é *Padma*, o nenúfar da Índia. O Lótus é o produto do calor (fogo) e da água (vapor ou Éter); representando o fogo, em todos os sistemas filosóficos e religiosos o Espírito da Divindade, o princípio ativo, masculino e gerador, e o Éter, ou Alma da matéria, a luz do fogo, simbolizando o princípio feminino passivo, do qual emanaram todas as coisas deste Universo. O Éter ou Água é, portanto, a Mãe, e o Fogo é o Pai.

4. SEU CORAÇÃO AINDA NÃO SE ABRIRA PARA DEIXAR PENETRAR O RAIO ÚNICO E FAZÊ-LO CAIR EM SEGUIDA, COMO TRÊS EM QUATRO, NO REGAÇO DE MÂYÂ.

A Substância Primordial ainda não saída do seu estado latente pré-cósmico para a objetividade diferenciada. Mas, uma vez soada a hora e fazendo-se receptora da impressão Fohática do Pensamento Divino (o Logos, ou aspecto masculino da *Anima Mundi*, *Ālaya*), o seu coração se abre. Diferencia-se, e os TRÊS (Pai, Mãe e Filho) passam a ser quatro.

5. OS SETE (*FILHOS*) NÃO HAVIAM AINDA NASCIDO DO TECIDO DA LUZ. O PAI-MÃE, SVABHÂVAT, ERA SÓ TREVAS, E SVABHÂVAT JAZIA NAS TREVAS.

A doutrina secreta, nas estâncias aqui apresentadas, ocupa-se principalmente, se não por completo, do nosso sistema solar e, em especial, da nossa cadeia planetária. Os "Sete Filhos" são, portanto, os criadores dessa última.

Svabhâvat, a "Essência Plástica" que preenche o Universo, é a raiz de todas as coisas. *Svabhâvat* é, por assim dizer, o aspecto budista concreto da abstração denominada *Mûlaprakriti* na filosofia hindu.

6. ESTES DOIS SÃO O GERME, E O GERME É UNO. O UNIVERSO AINDA ESTAVA OCULTO NO PENSAMENTO DIVINO E NO DIVINO SEIO.

O "*Pensamento Divino*" não implica a ideia de um Pensador Divino. O Universo – não só passado, presente e futuro, mas em sua totalidade – é aquele Pensamento refletido em uma causa secundária ou manifesta.

Estância III

O DESPERTAR DO KOSMOS

(*A Estância III descreve o redespertar do Universo para a vida após o* Pralaya.)

1. A ÚLTIMA VIBRAÇÃO DA SÉTIMA ETERNIDADE PALPITA ATRAVÉS DO INFINITO. A MÃE INTUMESCE E SE EXPANDE DE DENTRO PARA FORA, COMO O BOTÃO DE LÓTUS.

O emprego aparentemente paradoxal da expressão "Sétima Eternidade", dividindo assim o que é indivisível, está consagrado na filosofia esotérica. Esta divide a duração sem limites em Tempo incondicionado, eterno e universal, e em tempo condicionado. Um é a abstração ou númeno do tempo infinito; o outro, seu fenômeno, que aparece periodicamente.

Portanto, a "última vibração da Sétima Eternidade" estava "preordenada", não por um Deus em particular, tendo ocorrido em virtude da LEI eterna e imutável que causa os grandes períodos de Atividade e Repouso chamados os "Dias e Noites de *Brahmâ*".

A expansão "de dentro para fora" da Mãe, também chamada "Águas do Espaço", "Matriz Universal" etc., não significa o expandir de um pequeno centro ou foco, mas o desenvolvimento da subjetividade sem limites para uma objetividade também ilimitada, sem referência a magnitude, termo ou área. Quer isso dizer que, não sendo tal expansão um aumento de magnitude, porque a extensão infinita não admite nenhum aumento, era uma mudança de estado.

2. A VIBRAÇÃO SE PROPAGA, COM SUAS VELOZES ASAS TOCANDO (*SIMULTA-NEAMENTE*) O UNIVERSO INTEIRO E O GERME QUE MORA NAS TREVAS: AS TREVAS QUE SOPRAM (*AGITAM*) AS ADORMECIDAS ÁGUAS DA VIDA.

Em todas as Cosmogonias, a "Água" desempenha o mesmo papel importante. É a base e a fonte da existência material. Os cientistas, confundindo a palavra com o elemento em si, entenderam que se tratava da combinação química definida do oxigênio com o hidrogênio, e assim deram significação específica a um termo que os Ocultistas empregam em sentido genérico e ao qual se atribui, na linguagem cosmogônica, um sentido metafísico e místico com um significado muito mais amplo.

3. AS "TREVAS" IRRADIAM A LUZ, E A LUZ EMITE UM RAIO SOLITÁRIO SOBRE AS ÁGUAS E DENTRO DAS ENTRANHAS DA MÃE. O RAIO ATRAVESSA O OVO VIRGEM; FAZ ESTREMECER O OVO ETERNO E DESPRENDE O GERME NÃO ETERNO (*PERIÓDICO*), QUE SE CONDENSA NO OVO DO MUNDO.

O raio solitário que penetra nas entranhas da mãe pode ser interpretado como a Inteligência ou o Pensamento Divino que fecunda o Caos Primordial. Apresenta ante a imaginação o quadro do Kosmos surgindo do e no espaço sem limites, um Universo sem fronteiras em sua extensão, embora não tão ilimitado em sua manifestação objetiva.

O símbolo de um ovo exprime também aquele ensinamento Oculto de que a forma primordial de cada coisa manifestada, desde o átomo até o planeta, desde o homem até o anjo, é esferoidal, sendo a esfera, em todas as nações, o emblema da eternidade e do infinito – uma serpente que engole a própria cauda. Para compreender, porém, sua significação, é preciso representar a esfera tal como deve ser vista do seu centro. O campo de visão ou de pensamento assemelha-se a uma esfera cujos raios avançam em todas as direções e se estendem pelo espaço ao nosso redor, abrindo-nos perspectivas ilimitadas.

4. (*ENTÃO*) OS TRÊS (*TRIÂNGULO*) CAEM NOS QUATRO (*QUATERNÁRIO*). A ESSÊNCIA RADIANTE PASSA A SER SETE INTERIORMENTE E SETE EXTERIORMENTE. O OVO LUMINOSO (*HIRANYAGARBHA*), QUE É TRÊS EM SI MESMO (*A HIPÓSTASES TRIPLA DE BRAHMÂ OU VISHNU, OS TRÊS "AVASTHÂS"*), COAGULA-SE E ESPALHA OS SEUS COÁGULOS BRANCOS COMO O LEITE POR TODOS OS ABISMOS DA MÃE, A RAIZ QUE CRESCE NO OCEANO DA VIDA.

"A essência radiante coagulou-se e espalhou-se por todos os abismos" do Espaço. De um ponto de vista astronômico, é fácil a explicação: é a "Via Láctea", o material de que é feito o mundo ou a matéria primordial em sua forma incipiente.

5. A RAIZ PERMANECE, A LUZ PERMANECE, OS COÁGULOS PERMANECEM E, NÃO OBSTANTE, OEAOHOO É UNO.

OEAOHOO é traduzido nos Comentários por *"Pai-Mãe dos Deuses"*, ou o SEIS EM UM, *ou a raiz setenária de que tudo procede*. Num sentido, *Oeaohoo* é a "Raiz sem Raiz de Tudo" e, portanto, uno com *Parabrahman*; em outro sentido, é um nome da VIDA UNA manifestada, a Unidade Eterna vivente.

A "Luz" é o mesmo Raio Espiritual Onipresente que penetrou e fecundou agora o Ovo Divino, e convoca a matéria cósmica para iniciar sua longa série de diferenciações. Os coágulos são a primeira diferenciação e, provavelmente, também se referem àquela matéria cósmica que se supõe ser a origem da "Via Láctea" e de todo o universo visível (a matéria que conhecemos).

Essa matéria, radical e fria, dissemina-se pelo Espaço ao primeiro redespertar do movimento cósmico, aparecendo, quando vista da Terra, em forma de agregados e grumos, como coágulos de leite. São as sementes dos mundos futuros, o "material de que são feitos os Astros".

6. A RAIZ DA VIDA ESTAVA EM CADA GOTA DO OCEANO DA IMORTALIDADE (*AMRITA*), E O OCEANO ERA LUZ RADIANTE, QUE ERA FOGO, CALOR E MOVIMENTO. AS TREVAS SE DESVANECERAM E NÃO EXISTIRAM MAIS: SUMIRAM-SE EM SUA PRÓPRIA ESSÊNCIA, O CORPO DE FOGO E ÁGUA, DO PAI E DA MÃE.

O "fogo", o "calor" e o "movimento" de que se fala aqui não são, por certo, o fogo, o calor e o movimento da ciência física, mas os seus princípios abstratos, os númenos, ou a alma, da essência dessas manifestações materiais – as "coisas em si".

De acordo com os princípios do ocultismo oriental, as TREVAS são a única realidade verdadeira, a base e a raiz da luz, sem a qual esta última jamais poderia manifestar-se, nem sequer existir. A luz é matéria; as TREVAS são espírito puro. As trevas, em sua base radical, metafísica, são luz subjetiva e absoluta, ao passo que a luz, com todo o seu evidente resplendor e toda a sua glória, não passa de um aglomerado de sombras, pois nunca poderá ser eterna, consiste simplesmente em ilusão ou *Mâyâ*.

7. VÊ, Ó LANU,[1] O RADIANTE FILHO DOS DOIS, A GLÓRIA REFULGENTE E SEM PAR: O ESPAÇO LUMINOSO, FILHO DO NEGRO ESPAÇO, QUE SURGE DAS PROFUNDEZAS DAS GRANDES ÁGUAS SOMBRIAS. É OEAOHOO, O MAIS JOVEM, O * * * (*QUE TU CONHECES AGORA COMO KWAN-SHI-YIN*). ELE BRILHA COMO O SOL. É O RESPLANDECENTE DRAGÃO DIVINO DA SABEDORIA. O EKA (*UM*) É CHATUR (*QUATRO*), E TOMA PARA SI TRÊS, E A UNIÃO PRODUZ SAPTA (*SETE*), NO QUAL ESTÃO OS SETE, QUE SE TORNAM O TRIDASHA[2] (*TRÊS VEZES DEZ*), OU AS LEGIÕES E AS MULTIDÕES. CONTEMPLA-O LEVANTANDO O VÉU E DESDOBRANDO-O DE ORIENTE A OCIDENTE. ELE OCULTA O ACIMA, E DEIXA VER O ABAIXO COMO A GRANDE ILUSÃO. ASSINALA OS LUGARES PARA OS (*ASTROS*) QUE BRILHAM E CONVERTE O (*ESPAÇO*) ACIMA NUM ILIMITADO OCEANO DE FOGO E O ÚNICO (*ELEMENTO*) MANIFESTADO NAS GRANDES ÁGUAS.

"O Espaço Luminoso, Filho do Negro Espaço" corresponde ao Raio que, à primeira vibração da nova "Aurora", incidiu sobre as grandes profundezas Cósmicas, de onde ressurge diferenciado como *Oeaohoo*, o mais jovem (a "nova VIDA"), para converter-se, ao fim do ciclo de vida, no germe de todas as coisas.

---

[1] *Lanu* é um estudante, um chela que estuda a prática do esoterismo.

[2] "*Tridasha*", ou três vezes dez (trinta), é uma alusão às divindades védicas em números redondos – ou, mais precisamente, 33, um número sagrado.

Antes de o nosso globo assumir a forma de ovo (e também o Universo), "um longo rastro de poeira cósmica (ou névoa de fogo) se movia e se retorcia como uma serpente no Espaço". O "Espírito de Deus movendo-se no Caos" foi simbolizado por todos os povos na forma de uma serpente de fogo, exalando chama e luz sobre as águas primordiais, até haver incubado a matéria cósmica e fazê-la tomar a forma anular de uma serpente que tem na boca a própria cauda, o que simboliza não somente a Eternidade e o Infinito, mas também a forma esférica de todos os corpos produzidos no Universo daquela névoa de fogo. O Universo, a Terra e o Homem se despojam periodicamente de suas velhas peles, para retomar outras novas depois de um período de repouso, como faz a serpente.

8. ONDE ESTAVA O GERME, ONDE ENTÃO SE ENCONTRAVAM AS TREVAS? ONDE ESTÁ O ESPÍRITO DA CHAMA QUE ARDE EM TUA LÂMPADA, Ó LANU? O GERME É AQUILO, E AQUILO É A LUZ, O ALVO E REFULGENTE FILHO DO PAI OBSCURO E OCULTO.

A resposta à primeira pergunta, sugerida pela segunda, que é a réplica do mestre ao discípulo, contém, numa só frase, uma das verdades mais essenciais da filosofia oculta.

Para obter uma clara percepção, seria preciso, em primeiro lugar, admitir o postulado de uma Divindade eterna, onipresente e imanente em toda a Natureza; em segundo lugar, aprofundar o mistério da eletricidade em sua verdadeira essência; e, em terceiro lugar, aceitar que o homem é o símbolo setenário, no plano terrestre, da Única Grande UNIDADE (o Logos), que é o signo de Sete vogais, o Alento cristalizado no VERBO.

9. A LUZ É A CHAMA FRIA, E A CHAMA É O FOGO, E O FOGO GERA O CALOR, QUE PRODUZ A ÁGUA – A ÁGUA DA VIDA NA GRANDE MÃE (*O CAOS*).

A matéria primordial, antes de surgir do plano daquele que jamais se manifesta e de despertar à ação vibratória com o impulso de *Fohat*, não é senão "uma Radiação fria, incolor, informe, insípida e desprovida de toda qualidade e aspecto".

10. O PAI-MÃE URDE UMA TEIA CUJO EXTREMO SUPERIOR ESTÁ UNIDO AO ESPÍRITO (*PURUSHA*), LUZ DA OBSCURIDADE ÚNICA, E O INFERIOR, À MATÉRIA (*PRAKRITI*), SEU (*DOS ESPÍRITOS*) EXTREMO SOMBRIO. ESSA TEIA É O UNIVERSO, TECIDO COM AS DUAS SUBSTÂNCIAS COMBINADAS EM UMA, QUE É SVABHÂVAT.

11. ELA (*A TEIA*) SE DISTENDE QUANDO O ALENTO DO FOGO (*O PAI*) A ENVOLVE E SE CONTRAI QUANDO TOCADA PELO ALENTO DA MÃE (*A RAIZ DA MATÉRIA*). ENTÃO OS FILHOS (*OS ELEMENTOS COM SEUS RESPECTIVOS PODERES OU SUAS INTELIGÊNCIAS*) SE SEPARAM, DISPERSANDO-SE, PARA VOLTAR AO SEIO DA MÃE NO FIM DO "GRANDE DIA", TORNANDO-SE DE NOVO UNOS COM ELA. QUANDO ESTÁ ESFRIANDO, ELA (*A TEIA*) SE TORNA RADIANTE, SEUS FILHOS SE DILATAM E SE RETRAEM DENTRO DE SI MESMOS E EM SEUS CORAÇÕES; ELES ABRANGEM O INFINITO.

A expansão e a contração da Teia – ou seja, dos átomos ou do material de que é feito o mundo – exprimem aqui o movimento de pulsação; porque são a contração e a expansão regulares do Oceano infinito e ilimitado daquilo que podemos chamar o númeno da matéria, emanado de *Svabhâvat,* que causam a vibração universal dos átomos.

12. ENTÃO SVABHÂVAT ENVIA FOHAT PARA ENDURECER OS ÁTOMOS. CADA (*UM DOS ÁTOMOS*) É UMA PARTE DA TEIA (*O UNIVERSO*). REFLETINDO O "SENHOR EXISTENTE POR SI MESMO" (*A LUZ PRIMORDIAL*) COMO UM ESPELHO, CADA UM VEM A SER, POR SUA VEZ, UM MUNDO. [...]

É por meio de *Fohat* que as ideias da Mente Universal são impressas na matéria. Pode-se ter uma ligeira noção da natureza de *Fohat* pela denominação de "Eletricidade Cósmica", que algumas vezes lhe é dada; mas, nesse caso, às propriedades conhecidas da eletricidade em geral devem acrescentar-se outras, inclusive a inteligência.

Estância IV

AS HIERARQUIAS SEPTENÁRIAS

(*A Estância IV expõe a diferenciação do "Germe" do Universo na hierarquia septenária de Poderes Divinos Conscientes, que são as manifestações ativas da Suprema Energia Una.*)

1. ESCUTAI, Ó FILHOS DA TERRA. ESCUTAI OS VOSSOS INSTRUTORES, OS FILHOS DO FOGO. SABEI: NÃO HÁ NEM PRIMEIRO NEM ÚLTIMO; PORQUE TUDO É UM NÚMERO QUE PROCEDE DO NÃO NÚMERO.

"Os Filhos do Fogo" – porque foram os primeiros seres (aos quais a Doutrina Secreta dá o nome de "Mentes") evolucionados do Fogo Primordial.

Mas há dois "Fogos", e os ensinamentos ocultos fazem uma distinção entre eles. Do primeiro, ou Fogo puramente *informe* e *invisível*, oculto no *Sol Central Espiritual*, diz-se que é "tríplice" (metafisicamente); ao passo que o Fogo do Kosmos manifestado é Septenário em nosso sistema solar e em todo o Universo.

2. APRENDEI O QUE NÓS, QUE DESCENDEMOS DOS SETE PRIMORDIAIS, NÓS, QUE NASCEMOS DA CHAMA PRIMORDIAL, TEMOS APRENDIDO DE NOSSOS PAIS.

Latentes durante o *Pralaya* e ativos durante o *Manvantara*, os "Primordiais" procedem do "Pai-Mãe"; ao passo que o Quaternário manifestado e os Sete procedem unicamente da Mãe. Os primeiros "Primordiais" são os Seres mais elevados da Escala da Existência.

3. DO RESPLENDOR DA LUZ – O RAIO DAS TREVAS ETERNAS – SURGEM NO ESPAÇO AS ENERGIAS DESPERTADAS DE NOVO (OS DHYÂN-CHOHANS); O UM DO OVO, O SEIS E O CINCO. DEPOIS, O TRÊS, O UM, O QUATRO, O UM, O CINCO – O DUPLO SETE, A SOMA TOTAL. E ESTAS SÃO AS ESSÊNCIAS, AS CHAMAS, OS ELEMENTOS, OS CONSTRUTORES, OS NÚMEROS, OS ARÛPA (INFORMES), OS RÛPA (PROVIDOS DE CORPOS) E A FORÇA OU O HOMEM DIVINO, A SOMA TOTAL. E DO HOMEM DIVINO EMANARAM AS FORMAS, AS CENTELHAS, OS ANIMAIS SAGRADOS E OS MENSAGEIROS DOS SAGRADOS PAIS (OS PITRIS) DENTRO DO SANTO QUATRO.

Isso se relaciona com a sagrada Ciência dos Números. Sobre as Hierarquias e os números exatos daqueles Seres, invisíveis (para nós) exceto em raríssimas ocasiões, repousa o mistério de todo o Universo.

"O Três, o Um, o Quatro, o Um, o Cinco" (ou duas vezes sete no total) representam 31415, a hierarquia numérica dos *Dhyân-Chohans* de diversas ordens, e do mundo interior ou circunscrito.

4. ESTE FOI O EXÉRCITO DA VOZ, O SEPTENÁRIO DIVINO. AS CENTELHAS DOS SETE SÃO OS SÚDITOS E OS SERVOS DO PRIMEIRO, DO SEGUNDO, DO TERCEIRO, DO QUARTO, DO QUINTO, DO SEXTO E DO SÉTIMO DOS SETE. ESSAS ("CENTELHAS") SÃO CHAMADAS ESFERAS, TRIÂNGULOS, CUBOS, LINHAS E MODELADORES; PORQUE DESSE MODO SE CONSERVA O ETERNO NIDÂNA – O OI-HA-HOU[1] (A PERMUTAÇÃO DE OEAOHOO).

Esse *sloka* dá novamente uma breve análise das Hierarquias dos *Dhyân-Chohans*, ou poderes conscientes e inteligentes da Natureza. O "exército da Voz" é uma denominação que se acha intimamente relacionada com o mistério do Som e da Fala, como efeito e corolário da causa: o Pensamento Divino.

---

[1] O significado literal da palavra, para os ocultistas orientais do norte, é vento circular ou torvelinho; mas, no presente caso, exprime o incessante e eterno Movimento Cósmico, ou melhor, a Força motriz, tacitamente aceita como a Divindade, sem jamais ser nomeada. É o eterno *Kârana*, a Causa sempre ativa.

Vemos mais adiante a matéria Cósmica dispersando-se e constituindo-se em elementos agrupados no místico quatro, dentro do quinto elemento, o Éter, o revestimento da *Âkâsha,* a *Anima Mundi* ou Mãe do Kosmos.

É uma lei fundamental, não somente na matéria primordial, mas também na matéria manifestada em nosso plano fenomenal: a Natureza correlaciona suas formas geométricas e, posteriormente, os seus elementos compostos; lei segundo a qual não há lugar para o acidente nem para o acaso. Na Natureza não existe repouso nem cessação de movimento – esse é um princípio básico do ocultismo. O que parece repouso não é senão a mudança de uma forma em outra; e a mudança de substância se opera paralelamente à mudança de forma.

5. ... QUE É:
AS "TREVAS", O SEM LIMITES OU O NÃO NÚMERO, ADI-NIDÂNA, SVABHÂVAT, O O (*O X, A QUANTIDADE DESCONHECIDA*):

I. O ÂDI-SANAT, O NÚMERO, PORQUE ELE É UM.
II. A VOZ DO VERBO, SVABHÂVAT, OS NÚMEROS, PORQUE ELE É UM E NOVE.
III. O "QUADRADO SEM FORMA" (*ARÛPA*).

E ESSES TRÊS, ENCERRADOS NO O (*CÍRCULO SEM LIMITES*), SÃO O QUATRO SAGRADO, E OS DEZ SÃO O UNIVERSO (*SUBJETIVO, SEM FORMA*) ARÛPA. DEPOIS VÊM OS FILHOS, OS SETE COMBATENTES, O UM, O OITAVO EXCLUÍDO E SEU ALENTO, QUE É O ARTÍFICE DA LUZ (*BHÂSKARA*).

"*Âdi-Sanat*", em tradução literal, é o Primeiro ou o "primitivo" ancião. *Svabhâvat* é a Essência mística, a raiz plástica da Natureza física – "os Números" quando manifestado.

O – Isso significa que o "Círculo sem Limites" (Zero) passa a ser um número somente quando um dos outros nove algarismos o precede, manifestando assim o seu valor e a sua potência; o Verbo ou Logos em união com a VOZ e o Espírito (a expressão e origem da Consciência) representa os nove algarismos e a forma, com o Zero, a Década, que contém em si todo o Universo. A tríade forma dentro do círculo a Tetraktys ou o Quatro Sagrado, sendo o Quadrado inscrito no Círculo a mais poderosa de todas as figuras mágicas.

O "Excluído" é o Sol do nosso sistema.

A Doutrina Oculta rejeita a hipótese, nascida da Teoria Nebular, de que os (sete) grandes planetas sejam oriundos da massa central do Sol, deste nosso Sol visível, pelo menos. A primeira condensação da matéria Cósmica se processou em torno de um núcleo central, o seu Sol-pai; mas, de acordo com o ensinamento, o nosso sol apenas se desprendeu antes dos demais, ao contrair-se a massa em rotação, sendo por isso o irmão maior dos outros, e não o seu pai.

O "Alento" de todos os "sete" diz-se que é *Bhâskara* (o fazedor da luz), porque eles (os planetas) eram todos cometas e sóis em sua origem. Eles evoluíram do Caos primitivo para a vida *manvantárica* mediante a agregação e a acumulação das diferenciações primárias da matéria eterna. O Calor (o Alento), a atração e a repulsão – os três grandes fatores do Movimento – são as condições em que nascem, se desenvolvem e morrem todos os membros daquela família primitiva, para renascer após uma "Noite de *Brahmâ*", durante a qual a matéria eterna recai, periodicamente, em seu estado primário não diferenciado.

6. ... EM SEGUIDA, OS SEGUNDOS SETE, QUE SÃO OS PRODUZIDOS PELOS TRÊS (*O VERBO, A VOZ E O ESPÍRITO*). O SOL EXCLUÍDO É UM, OS SÓIS-FILHOS SÃO INUMERÁVEIS.

A palavra *Lipika* – de *lipi*, "que escreve" – significa literalmente "Escreventes". Misticamente, esses Seres Divinos, também chamados de "Senhores do Carma", se acham relacionados com o *carma*, a Lei da Retribuição, pois são os Registradores ou Cronistas que imprimem, nas tábuas (para nós) invisíveis da Luz Astral, "o grande museu de quadros da eternidade", um registro fiel de cada uma das ações e até de cada um dos pensamentos do homem, e de tudo que foi, é e será no Universo fenomenal.

Estância V

FOHAT: O FILHO DAS HIERARQUIAS SEPTENÁRIAS

(*A estância V apresenta o processo da formação do mundo. Em primeiro lugar, Matéria Cósmica difusa; depois, o "torvelinho" de fogo, primeiro estágio da formação de uma nebulosa.*)

1. OS SETE PRIMORDIAIS, OS SETE PRIMEIROS ALENTOS DO DRAGÃO DA SABEDORIA, PRODUZEM POR SUA VEZ O TORVELINHO DE FOGO COM OS SEUS SAGRADOS ALENTOS DE CIRCULAÇÃO GIRATÓRIA.

O "Torvelinho de fogo" é a poeira Cósmica incandescente, que acompanha magneticamente, como a limalha de ferro ao ímã, o pensamento diretor das "Forças Criadoras". Contudo, essa poeira cósmica é alguma coisa mais; porque cada átomo do Universo traz em si a potencialidade da própria consciência e é, como as Mônadas de Leibniz, um Universo em si mesmo e *por* si mesmo. *É um átomo e um anjo.*

Ensina a Doutrina que, para chegarem a deuses divinos e plenamente conscientes, as INTELIGÊNCIAS Espirituais primevas (inclusive as mais elevadas) têm que passar pela fase humana. E a palavra "humana" não deve aqui aplicar-se tão somente à nossa humanidade terrestre, mas igualmente aos mortais que habitam todo e qualquer mundo, ou seja, àquelas Inteligências que alcançaram o necessário equilíbrio entre a matéria e o espírito, como *nós* agora. Cada Entidade deve conquistar por si mesma o direito de converter-se em um ser divino, à custa da própria experiência.

2. DELE FAZEM O MENSAGEIRO DE SUA VONTADE. O DZYU CONVERTE-SE EM FOHAT: O FILHO VELOZ DOS FILHOS DIVINOS, CUJOS FILHOS SÃO OS LIPIKAS, LEVA MENSAGENS CIRCULARES. FOHAT É O CORCEL, E O PENSAMENTO, O CAVALEIRO (*ISTO É, ESTÁ SOB A INFLUÊNCIA DE SEU PENSAMENTO DIRETOR*). ELE PASSA COMO UM RAIO ATRAVÉS DE NUVENS DE FOGO (*NÉVOAS CÓSMICAS*); DÁ TRÊS, CINCO E SETE PASSOS ATRAVÉS DAS SETE REGIÕES SUPERIORES E DAS SETE REGIÕES INFERIORES (*O MUNDO QUE VAI SER*). ERGUE A SUA VOZ PARA CHAMAR AS CENTELHAS INUMERÁVEIS (*ÁTOMOS*) E AS REÚNE.

Isso quer dizer que os "Sete Primordiais" utilizam *Fohat* como veículo (*Vâhana*, o sujeito manifestado que se torna o símbolo do Poder que o dirige). Por conseguinte, *Fohat* é chamado o "Mensageiro de sua vontade", o torvelinho de fogo.

Dzyu é o único conhecimento verdadeiro (mágico) ou a Sabedoria Oculta, a qual, estando em relação com as verdades eternas e as causas primeiras, se converte quase em onipotência quando se exerce na direção certa. Ali, *Dzyu* é a expressão da Sabedoria coletiva dos *Dhyâni-Buddhas*.

Segundo os orientalistas, há cinco *Dhyânis*, que são os Buddhas "celestes", cujas manifestações no mundo da forma e da matéria são os Buddhas humanos. Esotericamente, porém, os *Dhyâni-Buddhas* são sete, dos quais apenas cinco se manifestaram até o presente, estando dois por vir. São eles, por assim dizer, os eternos protótipos dos Buddhas que aparecem sobre a Terra, cada um dos quais possui o seu divino protótipo particular.

Sendo *Fohat* uma das mais importantes figuras, se não a mais importante da Cosmogonia esotérica, deve ser minuciosamente descrito. *Fohat* é uma coisa no Universo ainda não manifestado e outra coisa no Mundo fenomenal e Cósmico. Nesse último, ele é aquele poder oculto, elétrico e vital que, sob a Vontade do Logos Criador, une e relaciona todas as formas, dando-lhes o primeiro impulso, que com o tempo se converte em lei. Mas, no Universo não manifestado, *Fohat* é simplesmente o poder criador potencial, em virtude de cuja ação o NÚMENO de todos os fenômenos futuros se divide, por assim dizer, para reintegrar-se em um ato místico suprassensível e emitir o raio criador. Quando o "Filho Divino" exsurge, *Fohat* passa então a ser a força propulsora, o Poder ativo que é a causa de o UM converter-se em Dois e em TRÊS (no plano Cósmico da manifestação). O tríplice Um se diferencia nos muitos, e *Fohat* se transforma na força que reúne os átomos elementais e faz com que se aglutinem e se combinem entre si.

Fohat é, portanto, a personificação do poder elétrico vital, a Unidade transcendente que enlaça todas as Energias Cósmicas, tanto nos planos invisíveis como nos manifestados; sua ação se parece – numa imensa escala – à de uma Força viva criada pela VONTADE, naqueles fenômenos em que o aparentemente subjetivo atua sobre o aparentemente objetivo e o põe em movimento. *Fohat* não é só o Símbolo vivo e o Receptáculo daquela Força, mas também os ocultistas o consideram como uma Entidade, que opera sobre as forças cósmicas, humanas e terrestres, e exerce sua influência em todos esses planos. Metafisicamente, é o pensamento objetivado dos deuses, o "Verbo feito carne" numa escala menor, e o mensageiro da ideação Cósmica e humana; a força ativa na Vida Universal. Em seu aspecto secundário, *Fohat* é a Energia Solar, o fluido elétrico vital e o quarto princípio, o princípio de conservação, a Alma animal da Natureza, por assim dizer, ou a Eletricidade.

Os "três e os sete" passos referem-se às Sete esferas habitadas pelo homem, segundo a Doutrina esotérica, assim como às Sete regiões da Terra.[1]

3. ELE É O SEU CONDUTOR, O ESPÍRITO QUE AS GUIA. AO INICIAR SUA OBRA, SEPARA AS CENTELHAS DO REINO INFERIOR (*OS ÁTOMOS MINERAIS*), QUE FLUTUAM E VIBRAM DE ALEGRIA EM SUAS RADIANTES MORADAS (*AS NUVENS*

---

[1] Os três passos se referem, metafisicamente, à descida do Espírito na matéria, ou à queda do Logos, como um raio, primeiro no Espírito, depois na Alma e, por último, na forma física do homem, na qual se converte em VIDA.

GASOSAS), E COM ELAS FORMA OS GERMES DAS RODAS. COLOCANDO-AS NAS SEIS DIREÇÕES DO ESPAÇO, DEIXA UMA NO CENTRO: A RODA CENTRAL.

"Rodas" são os centros de força em torno dos quais se expande a matéria Cósmica primordial, que, passando por todos os seis graus de consolidação, se torna esferoidal e termina por se transformar em globos ou esferas.

As "Seis direções do Espaço" significam aqui o "Duplo Triângulo", a união e fusão do Espírito puro e da Matéria, do *Arûpa* e do *Rûpa*, de que os Triângulos são um Símbolo.

4. FOHAT TRAÇA LINHAS ESPIRAIS PARA UNIR AS SEIS À SÉTIMA – A COROA. UM EXÉRCITO DOS FILHOS DA LUZ SITUA-SE EM CADA UM DOS ÂNGULOS (*E*) OS LIPIKAS FICAM NA RODA CENTRAL. ELES (*OS LIPIKAS*) DIZEM: "ISTO É BOM." O PRIMEIRO MUNDO DIVINO ESTÁ PRONTO; O PRIMEIRO (*É AGORA*) O SEGUNDO (*MUNDO*). ENTÃO O "DIVINO ARÛPA" (*O UNIVERSO SEM FORMA DO PENSAMENTO*) SE REFLETE NO CHHÂYÂ-LOKA (*O MUNDO DE SOMBRAS DA FORMA PRIMITIVA, OU O MUNDO INTELECTUAL*), A PRIMEIRA VESTE DE ANUPÂDAKA.

Esse traçado de "linhas Espirais" se refere tanto à evolução dos princípios do homem como à evolução dos princípios da Natureza; evolução que se processa gradualmente, como ocorre com todas as coisas na natureza.

O "Exército" em cada ângulo é a Legião de Seres angélicos (*Dhyân-Chohans*), designados para guiar cada região e velar por ela, desde o princípio até o fim do *Manvantara*.

O "Primeiro é o Segundo" porque o "Primeiro" não pode ser classificado nem considerado como tal, já que este é o reino dos númenos em sua manifestação primária.

5. FOHAT DÁ CINCO PASSOS (*APÓS HAVER DADO OS TRÊS PRIMEIROS*) E CONSTRÓI UMA RODA ALADA EM CADA UM DOS ÂNGULOS DO QUADRADO PARA OS QUATRO SANTOS... E SEUS EXÉRCITOS (*LEGIÕES*).

Os "passos" se referem tanto aos princípios Cósmicos como aos Humanos, sendo esses últimos, segundo a divisão exotérica, três (Espírito, Alma e Corpo), e, pela classificação esotérica, sete princípios: três raios da Essência e quatro aspectos.[2]

"Quatro rodas aladas em cada ângulo [...] para os quatro santos e seus exércitos (legiões)". São os "quatro Mahârâjas", ou grandes Reis, dos *Dhyân-Chohans*, *Devas* que presidem a cada um dos quatro pontos cardeais. São os Regentes ou Anjos que governam as Forças Cósmicas do Norte, Sul, Leste e Oeste; Forças que possuem cada qual uma propriedade oculta distinta.

Há três grupos principais de Construtores e outros tantos dos Espíritos Planetários e *Lipikas*, subdividindo-se cada grupo, por sua vez, em Sete subgrupos. Os "Construtores" são os representantes das primeiras Entidades "nascidas da Mente". Eles constroem, ou, melhor, reconstroem cada "Sistema" após a "Noite". O Segundo grupo dos Construtores é o Arquiteto da nossa cadeia planetária exclusivamente; e o terceiro é o progenitor de nossa Humanidade, o protótipo Macrocósmico do microcosmo.

Os Espíritos Planetários são os espíritos que animam os Astros em geral e os Planetas em particular. Regem os destinos dos homens nascidos sob uma ou outra de suas constelações. O segundo e o terceiro grupo, que pertencem a outros sistemas, desempenham idênticas funções, e todos regem vários departamentos da Natureza.

Os *Lipikas* são os Espíritos do Universo, ao passo que os Construtores são apenas as nossas próprias divindades planetárias. Os primeiros pertencem à parte mais oculta da Cosmogênese, sobre a qual nada podemos dizer aqui. A respeito de seu grau mais elevado, sabe-se ape-

---

[2] Os quatro aspectos são o corpo, a sua vida ou vitalidade e o "Duplo" do corpo – a tríade que desaparece com a morte da pessoa – e o *Kâma-Rûpa*, que se desintegra no *Kâma-Loka*.

nas uma coisa: os *Lipikas* estão associados ao *Carma*, do qual são os Registradores diretos.

6. OS LIPIKAS CIRCUNSCREVEM O TRIÂNGULO, O PRIMEIRO UM (*A LINHA VERTICAL OU O NÚMERO 1*), O CUBO, O SEGUNDO UM E O PENTÁGONO DENTRO DO OVO (*O CÍRCULO*). É O ANEL CHAMADO "NÃO PASSARÁS", PARA OS QUE DESCEM E SOBEM (*COMO TAMBÉM PARA AQUELES*), QUE, DURANTE O KALPA, ESTÃO MARCHANDO PARA O GRANDE DIA "SÊ CONOSCO" [...]. ASSIM FORAM FORMADOS OS ARÛPA E OS RÛPA (*O MUNDO SEM FORMAS E O MUNDO DAS FORMAS*): DA LUZ ÚNICA, SETE LUZES; DE CADA UMA DAS SETE, SETE VEZES SETE LUZES. AS RODAS VELAM PELO ANEL.

A significação esotérica da primeira frase do *sloka* é que os chamados *Lipikas*, os Registradores do livro Cármico, constituem uma barreira intransponível entre o EGO pessoal e o EU impessoal, que é o Númeno e a Raiz-Mater do primeiro. Essa é a razão da alegoria. Eles circunscrevem o mundo manifestado da matéria dentro do ANEL "Não Passarás".

Os que "descem e sobem" (as Mônadas que encarnam e os homens que aspiram à purificação, "que sobem", mas que ainda não alcançaram a meta) só poderão transpor o "círculo Não Passarás" quando chegar o dia "Sê Conosco": aquele dia em que o homem, libertando-se por si mesmo dos laços da ignorância e reconhecendo plenamente a inseparabilidade do Ego que está dentro de sua personalidade (erroneamente considerada como ele próprio) em relação ao EGO UNIVERSAL (*Anima Supra-Mundi*), imerge na Essência Una para tornar-se não somente um "conosco" (as vidas universais manifestadas, que são "UMA" VIDA), mas essa própria vida.

Estância VI

NOSSO MUNDO, SEU CRESCIMENTO E DESENVOLVIMENTO

[*A estância VI indica as fases subsequentes da formação de um "Mundo", descrevendo a evolução desse mundo até o seu quarto grande período, que corresponde àquele em que vivemos agora.*]

1. PELO PODER DA MÃE DE MISERICÓRDIA E CONHECIMENTO, KWAN-YIN[1] – A "TRINA" DE KWAN-SHI-YIN, RESIDENTE EM KWAN-YIN-TIEN –, FOHAT, O ALENTO DE SUA PROGÊNIE, O FILHO DOS FILHOS, TENDO FEITO SAIR DAS PROFUNDEZAS DO ABISMO INFERIOR (*O CAOS*) A FORMA ILUSÓRIA DE SIEN-TCHAN (*NOSSO UNIVERSO*) E OS SETE ELEMENTOS.

A Mãe de Misericórdia e Conhecimento é chamada a "Trina" de *Kwan-Shi-Yin* porque em suas correlações metafísicas e cósmicas é a "Mãe, a Esposa e a Filha" do *Logos*, da mesma forma que nas últimas versões teológicas se converteu em "Pai, Filho e Espírito Santo (feminino)" – a *Shakti* ou Energia –, a Essência dos três.

---

[1] O verso 1 da estância VI é bem posterior às demais estâncias, apesar de ainda ser muito antigo. O antigo texto desse verso, que contém nomes inteiramente desconhecidos dos orientalistas, nenhuma pista daria ao estudante. Como a estância foi traduzida do texto chinês, conservaram-se os nomes dados como equivalentes dos termos originais. Declinar a verdadeira nomenclatura esotérica só serviria para confundir o leitor.

Kwan-Yin-Tien significa literalmente o "céu melodioso do Som", a morada de *Kwan-Yin*, ou a *"Voz Divina"*.

2. O VELOZ E RADIANTE UM PRODUZ OS SETE CENTROS *LAYA*[2], CONTRA OS QUAIS NINGUÉM PREVALECERÁ ATÉ O GRANDE DIA "SÊ CONOSCO"; E ASSENTA O UNIVERSO SOBRE ESSES ETERNOS FUNDAMENTOS, RODEANDO SIEN-TCHAN COM OS GERMES ELEMENTARES.

Os sete centros *Laya* são os sete pontos Zero, tomando a palavra zero no mesmo sentido que lhe dão os químicos, para indicar, em Esoterismo, o ponto em que se começa a contar a escala de diferenciação. A partir dos Centros, tem início a diferenciação dos elementos que entram na constituição do nosso sistema solar.

Assim, enquanto a ciência fala de uma evolução por meio da matéria grosseira, das forças cegas e do movimento inconsciente, os Ocultistas apontam a LEI *inteligente* e a VIDA *senciente*, acrescentando que *Fohat* é o Espírito que conduz e guia tudo isso. Não é, entretanto, um deus pessoal, mas a emanação daqueles outros Poderes que existem por trás dele, denominados pelos cristãos os "Mensageiros" do seu Deus (que é, na realidade, apenas o *Elohim* das escrituras judeu-cristãs, ou melhor, um dos Sete Criadores chamados *Elohim*), e que nós designamos como o "Mensageiro dos Filhos primordiais da Vida e da Luz".

Os "Germes Elementares", com que ele semeou *Sien-Tchan* (o "Universo") desde *Tien-Sin* (o "Céu da Mente", literalmente, ou o que é absoluto), são os Átomos da Ciência e as Mônadas de Leibniz.

3. DOS SETE (*ELEMENTOS*) – PRIMEIRO UM MANIFESTADO, SEIS OCULTOS; DOIS MANIFESTADOS, CINCO OCULTOS; TRÊS MANIFESTADOS, QUATRO OCULTOS; QUATRO PRODUZIDOS, TRÊS OCULTOS; QUATRO E UM TSAN (*FRAÇÃO*) REVELADOS, DOIS E MEIO OCULTOS; SEIS MANIFESTADOS, UM DEIXADO À PARTE. POR ÚLTIMO, SETE PEQUENAS RODAS GIRANDO, UMA DANDO NASCIMENTO À OUTRA.

---

[2] Do sânscrito *Laya*, o ponto da matéria em que cessou toda diferenciação.

Embora essas estâncias se refiram a todo o Universo após um *Mahâpralaya* (dissolução universal), essa frase, como todo estudante de ocultismo pode ver, também diz respeito, por analogia, à evolução e à formação final dos Sete Elementos primitivos (embora compostos) de nossa Terra. Desses elementos, quatro se acham atualmente manifestados em sua plenitude, enquanto o quinto, o Éter, só é manifestado em parte; como chegamos apenas à segunda metade da Quarta Ronda, o quinto Elemento não deverá manifestar-se plenamente senão na Quinta Ronda.

As "Sete Rodas" são a nossa cadeia planetária. Como "Rodas", se entendem geralmente as várias esferas e os centros de força; mas no presente caso se referem ao nosso Anel septenário.

4. ELE AS CONSTRÓI À SEMELHANÇA DAS RODAS (*MUNDOS*) MAIS ANTIGAS, COLOCANDO-AS NOS CENTROS IMPERECÍVEIS.

COMO AS CONSTRÓI FOHAT? ELE JUNTA A POEIRA DE FOGO. FORMA ESFERAS DE FOGO, CORRE ATRAVÉS DELAS E EM SEU DERREDOR, INSUFLANDO-LHES A VIDA; E EM SEGUIDA AS PÕE EM MOVIMENTO, UMAS NESTA DIREÇÃO, OUTRAS NAQUELA. ELAS ESTÃO FRIAS, ELE AS AQUECE. ELAS ESTÃO SECAS, ELE AS UMEDECE. BRILHAM, ELE AS VENTILA E REFRESCA.

ASSIM PROCEDE FOHAT, DE UM A OUTRO *CREPÚSCULO*, DURANTE SETE ETERNIDADES.[3]

Os Mundos são construídos "à semelhança das Rodas mais antigas", isto é, das que existiram nos *Manvantaras* precedentes e entraram em *Pralaya*, pois a LEI que rege o nascimento, o crescimento e a decadência de tudo que há no Kosmos, desde o Sol até o vaga-lume que salta sobre a relva, é UNA. Há um incessante trabalho de aperfeiçoamento a cada coisa nova que surge, mas a Substância-Matéria e as Forças são sempre as mesmas.

Deve o leitor ter em mente que, segundo os nossos ensinamentos, que consideram este Universo fenomenal como uma grande *Ilusão*,

---

[3] Um período de 311.040.000.000.000 de anos, segundo os cálculos bramânicos.

quanto mais próximo um corpo se encontre da SUBSTÂNCIA DESCONHECIDA, tanto mais ele se acerca da *realidade*, por estar mais distanciado deste mundo de *Mâyâ*. Consequentemente, embora a constituição molecular de tais corpos não possa ser deduzida de suas manifestações neste plano de consciência, possuem eles (do ponto de vista do adepto ocultista) uma estrutura nitidamente objetiva, se não material, no Universo relativamente numenal, oposto ao fenomenal. Podem os homens de ciência, se lhes aprouver, chamá-los Força ou Forças geradas pela matéria, ou ainda "modos de movimento da matéria"; o Ocultismo vê, nesses efeitos, os "Elementais" (forças) e, nas causas diretas que os produzem, Obreiros DIVINOS e inteligentes. A conexão íntima dos Elementais (guiados pela mão infalível dos Regentes) – sua correlação, poderíamos dizer – com os elementos da Matéria pura se manifesta na forma de fenômenos terrestres, tais como a luz, o calor, o magnetismo etc.

5. NA QUARTA (*RONDA, OU REVOLUÇÃO DA VIDA E DO SER EM TORNO DAS SETE RODAS MENORES*), OS FILHOS RECEBEM ORDEM DE CRIAR SUAS IMAGENS. UM TERÇO RECUSA-SE. DOIS (*TERÇOS*) OBEDECEM.

A MALDIÇÃO É PROFERIDA: NASCERÃO NA QUARTA (*RAÇA*), SOFRERÃO E CAUSARÃO SOFRIMENTO. É A PRIMEIRA GUERRA.

Entre este *sloka* e o precedente (o quarto *sloka* desta mesma estância), largas eras se passaram, vendo-se agora o despontar da aurora de um novo éon. O drama que se desenrola em nosso planeta está no início de seu quarto ato. Assim como a Terra sólida começou por ser uma esfera de fogo líquido e poeira ígnea, e seu fantasma protoplasmático, também o homem passou por fases análogas.

Diz o Comentário explicando o verso:

Os santos jovens (os deuses) negaram-se a multiplicar e a criar espécies à sua semelhança e segundo a sua classe. Não são formas (rûpas) apropriadas para nós. Devem ser aperfeiçoadas. Recusam-se a entrar nos chhâiyâs (sombras ou imagens) de seus inferiores. Assim, prevaleceu o sentimento egoísta desde o início, até entre os deuses, caindo eles na mira dos Lipikas, os Senhores do Carma.

"A maldição é proferida": não se deve entender, por essas palavras, que algum Ser pessoal, deus ou Espírito superior, haja pronunciado a maldição, mas simplesmente que a causa, que só podia dar maus resultados, acabava de produzir-se, e que os efeitos dessa causa Cármica podiam somente conduzir a inditosas encarnações e, portanto, ao sofrimento os "Seres" que, contrariando as leis da Natureza, assim criavam obstáculos ao seu progresso normal.

"Houve muitas guerras" refere-se às diversas lutas para o ajustamento espiritual, cósmico e astronômico, mas relacionadas, sobretudo, com o mistério da evolução do homem tal como é atualmente.

6. AS RODAS MAIS ANTIGAS PARA BAIXO E PARA CIMA… OS FRUTOS DA MÃE ENCHIAM O TODO (*O KOSMOS*).[4] HOUVE COMBATES RENHIDOS ENTRE OS CRIADORES E OS DESTRUIDORES, COMBATES RENHIDOS PELO ESPAÇO; A SEMENTE SURGIA E RESSURGIA CONTINUAMENTE.

A expressão "Rodas mais antigas" refere-se aos mundos ou Globos de nossa cadeia, tal como eram nas "Rondas precedentes".

Aqui "Semente" quer dizer "o germe do Mundo", aquilo que a Ciência considera como partícula material extremamente tênue, mas que, para a física oculta, são "partículas Espirituais", ou seja, matéria suprassensível em estado de diferenciação primitiva. Em teogonia, cada Semente é um organismo etéreo, do qual evolui mais tarde um ser celeste, um Deus.

7. FAZE OS TEUS CÁLCULOS, Ó LANU, SE QUERES SABER A IDADE EXATA DA TUA PEQUENA RODA (*CADEIA*). SEU QUARTO RAIO É NOSSA MÃE (*A TERRA*).

---

[4] Deve-se advertir o leitor que o termo Kosmos, nas estâncias, frequentemente significa apenas o nosso próprio Sistema Solar, e não o Universo Infinito.

ALCANÇA O QUARTO "FRUTO" DA QUARTA SENDA DO CONHECIMENTO QUE CONDUZ AO NIRVANA, E TU COMPREENDERÁS, PORQUE VERÁS.

A "pequena Roda" é a nossa cadeia de globos, e o quarto raio é a nossa Terra, o quarto globo da cadeia.[5]

As obras exotéricas mencionam quatro graus de iniciação, conhecidos respectivamente pelas seguintes palavras sânscritas: "*Srôtâpanna*" ["aquele que adentrou o caminho"], "*Sakridâgâmin*" ["aquele que retornará somente mais uma vez"], "*Anâgâmin*" ["aquele que não retornará"] e "*Arhat*" ["o honorável"] – denominações iguais às dos quatro caminhos que levam ao *Nirvana*, em nossa presente Quarta Ronda.[6]

---

[5] As sete transformações fundamentais dos globos ou das esferas celestes – ou, mais propriamente, das partículas de matéria que os constituem – são assim descritas: (1) a *homogênea*; (2) a *aeriforme* e *radiante* (gasosa); (3) a *Coagulosa* (nebulosa); (4) a *Atômica* e *Etérea* (começo de movimento e, portanto, de diferenciação); (5) a *Germinal* e *ígnea* (diferenciada, mas composta somente dos germes dos Elementos em seus estados primordiais, possuindo eles sete estados quando completamente desenvolvidos em nossa Terra); (6) a *Quádrupla* e *vaporosa* (a Terra futura); (7) a *Fria* e *dependente* (do Sol para a vida e a luz).

[6] [Mme. Blavatsky detalha mais esses quatro estágios em uma nota de *The Voice of the Silence, being chosen fragments from the "Book of the Golden Precepts"* (Londres, 1889), obra que provém da mesma fonte que as estâncias de *Dzyan*: "*Srôtâpanna – (lit.)* 'aquele que adentrou a correnteza' que leva ao oceano Nirvânico. Esse nome indica o *primeiro* Caminho. O nome do *segundo* é o Caminho do *Sakridâgâmin*, 'aquele que nascerá (somente) mais uma vez'. O *terceiro* é chamado *Anâgâmin*, 'aquele que já não reencarnará', a menos que assim o deseje, para ajudar a humanidade. O *quarto* Caminho é conhecido como o Caminho do *Rahat* ou *Arhat*. Esse é o mais elevado. Um Arhat alcança o Nirvana em vida. Para ele, não se trata de um estado póstumo, mas, sim, do *Samadhi*, durante o qual experimenta todo o êxtase Nirvânico" (p. 88).]

Estância VII

OS PROGENITORES DO HOMEM NA TERRA

[A Estância VII dá continuidade à história e traça a descida da vida até o aparecimento do Homem; e assim termina o livro primeiro de A Doutrina Secreta.]

1. OBSERVA O COMEÇO DA VIDA INFORME E SENCIENTE. PRIMEIRO, O DIVINO (*VEÍCULO*), O UM QUE PROCEDE DO ESPÍRITO-MÃE (*ÂTMAN*); DEPOIS O ESPIRITUAL (*ÂTMÂ-BUDDHI, ALMA ESPIRITUAL*); (*NOVAMENTE*) OS TRÊS PROVINDOS DO UM, OS QUATRO DO UM, E OS CINCO DE QUE SE ORIGINAM OS TRÊS, OS CINCO E OS SETE. SÃO OS TRIPLOS E OS QUÁDRUPLOS EM SENTIDO DESCENDENTE; OS FILHOS "NASCIDOS DA MENTE" DO PRIMEIRO SENHOR (*AVALOKITESHVARA*), OS SETE RADIANTES (*OS "CONSTRUTORES"*).

SÃO ELES O MESMO QUE TU, EU, ELE, Ó LANU, ELES OS QUE VELAM POR TI E TUA MÃE, BHÛMI (*A TERRA*).

A hierarquia dos Poderes Criadores divide-se esotericamente em sete (ou quatro e três) dentro das doze grandes Ordens, simbolizadas pelos doze signos do Zodíaco. Além disso, essas sete ordens da escala de manifestação relacionam-se com os Sete Planetas. Todas se acham subdivididas em inumeráveis grupos de Seres divinos Espirituais, Semiespirituais e etéreos.

O grupo mais elevado compõe-se das assim chamadas Chamas divinas. São os Alentos Ígneos sem forma, idênticos, em certo aspecto, à TRÍADE Sephirothal superior, que os cabalistas situam no "Mundo Arquetípico".

A Segunda Ordem de Seres Celestes, os do Fogo e do Éter, cujo nome é legião, ainda carece de forma, sendo, porém, mais distintamente "substancial". Constitui a primeira diferenciação da Evolução secundária ou "Criação", que é uma palavra ambígua. Como o nome indica, esses seres são os protótipos dos *Jivas* ou das Mônadas, que se encarnam, sendo formados pelo Espírito Flamante da Vida.

A Terceira Ordem corresponde a *Âtmâ-Buddhi-Manas*: Espírito, Alma e Inteligência. É chamada a "Tríade".

A Quarta Ordem é formada pelas Entidades substanciais. É o grupo mais elevado entre os *Rûpas* (Formas Atômicas). É o viveiro das Almas humanas, conscientes e espirituais.

Isso não quer dizer que o Ocultismo ensine ou aceite a teoria darwinista da transmissão das faculdades adquiridas. Para os ocultistas, a Evolução segue linhas inteiramente diferentes; segundo o ensinamento esotérico, o físico evoluciona gradualmente do espiritual, mental e psíquico.

A Quinta Ordem é sobremodo misteriosa, relacionada, que é, com o Pentágono Microcósmico, a estrela de cinco pontas que representa o homem.

A Sexta e a Sétima Ordens participam das qualidades inferiores do Quaternário. De outro lado, o sexto grupo é quase inseparável do homem, que dele retira todos os seus princípios, exceto o mais elevado e o inferior, ou seja, o seu espírito e o seu corpo: os cinco princípios humanos do meio constituem a própria essência dos *Dhyânis*.

2. O RAIO ÚNICO MULTIPLICA OS RAIOS MENORES. A VIDA PRECEDE A FORMA, E A VIDA SOBREVIVE AO ÚLTIMO ÁTOMO (*DA FORMA, O STHÛLA CHARIRA OU CORPO EXTERNO*). POR MEIO DOS RAIOS INUMERÁVEIS, O RAIO DA VIDA, O UM, SEMELHANTE AO FIO QUE PASSA ATRAVÉS DE MUITAS CONTAS (*PÉROLAS*).

Este *sloka* exprime o conceito – puramente vedantino – de um fio de vida, *Sûtrâtmâ*, passando através de sucessivas gerações.

A Humanidade, em sua primeira forma prototípica e de sombra, é uma criação dos *Elohim* da Vida (ou *Pitris Lunares*); seu aspecto qualitativo e físico é a progênie direta dos "Antepassados", os *Dhyânis* inferiores ou Espíritos da Terra; e deve sua natureza moral, psíquica e espiritual a um grupo de Seres divinos, cujo nome e cujas características serão apresentados nos volumes III e IV. Os homens, coletivamente, representam o trabalho de legiões de espíritos vários; distributivamente, são os tabernáculos dessas legiões; em caráter ocasional e individualmente, são os veículos de alguns desses espíritos.

3. QUANDO O UM SE CONVERTE EM DOIS, APARECE O "TRIPLO", E OS TRÊS SÃO (*LIGADOS EM*) UM; É O NOSSO FIO, Ó LANU, O CORAÇÃO DO HOMEM-PLANTA, CHAMADO SAPTAPARNA.

Para formar um conceito claro do que significa o Um converter-se em dois e em seguida transformar-se em "triplo", é preciso que o estudante se inteire perfeitamente do que entendemos pelo nome de "Rondas". "Ronda" é a evolução em série da natureza material nascente, nos sete globos de nossa cadeia, com seus reinos mineral, vegetal e animal (incluído o homem neste último e à sua frente), durante o período completo de um ciclo de vida.

Corresponde, em resumo, a uma revolução da "Roda" (nossa cadeia planetária), a qual se compõe de sete globos (ou sete "Rodas" separadas – a palavra agora é empregada em outro sentido). Quando a evolução desceu, na matéria, do planeta A ao planeta G ou Z, como dizem os estudantes ocidentais, uma Ronda se completou. Na metade da Quarta revolução, ou seja, de nossa "Ronda" atual, "a evolução atingiu o ponto culminante de seu desenvolvimento físico, coroando sua obra com surgimento do homem físico perfeito, e daí em diante inicia a volta para o espírito".

Cada "Ronda" (no arco descendente) é uma repetição, de maneira mais concreta, da Ronda anterior, e cada globo – até a nossa quarta esfera (a Terra propriamente dita) – é uma cópia mais densa e material da esfera menos material que a precede, em sua ordem sucessiva, nos três planos superiores. Passando ao arco ascendente, a Evolução espiritualiza e eteriza, por assim dizer, a natureza geral das coisas, colocando-as no mesmo nível do plano em que se acha o globo gêmeo, no arco oposto; daí resultando que, ao chegar ao sétimo globo (em qualquer das Rondas), a natureza de tudo que evoluciona retorna à condição existente no ponto de partida, com a adição, em cada vez, de um grau novo e superior nos estados de consciência.

A última frase do *śloka* mostra quanto são antigas a crença e a doutrina de que o homem é sétuplo em sua constituição. "O Homem-Planta", *Saptaparna*, se relaciona assim com os sete princípios, e o homem é comparado a essa planta de sete folhas, tão sagrada entre os budistas.

4. É A RAIZ QUE JAMAIS PERECE, A CHAMA DE TRÊS LÍNGUAS E QUATRO MECHAS [...] AS MECHAS SÃO AS CENTELHAS QUE PARTEM DA CHAMA DE TRÊS LÍNGUAS (*SUA TRÍADE SUPERIOR*) PROJETADA PELOS SETE, DOS QUAIS É A CHAMA; RAIOS DE LUZ E CENTELHAS DE UMA LUA QUE SE REFLETE NAS ONDAS MOVENTES DE TODOS OS RIOS DA TERRA ("*BHUMI*" OU "*PRITHIVI*").

A "Chama de três línguas" que jamais se extingue é a tríade espiritual e imortal: *Âtmâ-Buddhi-Mana*, ou melhor, a colheita desse último, assimilada pelos dois primeiros, depois de cada vida terrestre. As "quatro mechas" que surgem e desaparecem são os quatro princípios inferiores, inclusive o corpo.

Assim como milhares de centelhas reluzentes dançam sobre as águas de um oceano acima do qual brilha somente uma lua, do mesmo modo as nossas personalidades transitórias – invólucros irreais do imortal EGO-MÔNADA – rodopiam e tremeluzem nas ondas de *Mâyâ*.

5. A CENTELHA PENDE DA CHAMA PELO MAIS TÊNUE FIO DE FOHAT. ELA VIAJA ATRAVÉS DOS SETE MUNDOS DE *MÂYÂ*. DETÉM-SE NO PRIMEIRO (*REINO*), E É UM METAL E UMA PEDRA; PASSA AO SEGUNDO (*REINO*), E EIS UMA PLANTA; A

PLANTA GIRA ATRAVÉS DE SETE MUTAÇÕES E TORNA-SE UM ANIMAL SAGRADO (*A PRIMEIRA SOMBRA DO HOMEM FÍSICO*).

DOS ATRIBUTOS COMBINADOS DE TODOS ESTES, FORMA-SE MANU (*O HOMEM*), O PENSADOR.

QUEM O FORMA? AS SETE VIDAS E A VIDA UNA. QUEM O COMPLETA? O QUÍNTUPLO LHA. E QUEM APERFEIÇOA O ÚLTIMO CORPO? O PEIXE, O PECADO E SOMA (*A LUA*).

A expressão "através dos sete Mundos de *Mâyâ*" refere-se aqui aos sete globos da cadeia planetária e às sete rondas, ou às 49 estações da existência ativa que se apresentam ante a "Centelha" ou Mônada, no início de cada "Grande Ciclo de Vida" ou *Manvantara*. O "fio de *Fohat*" é o fio da vida já mencionado anteriormente. Que é aquela "Centelha" que "pende da chama"? É JIVA, a MÔNADA em conjunção com MANAS, ou melhor, o aroma deste último, aquilo que sobrevive de cada personalidade, quando é meritória, e que pende de *Âtmâ-Buddhi*, a Chama, pelo fio da vida.

Há um conhecido aforismo cabalístico que diz: "A pedra se converte em planta; a planta, em animal; o animal, em homem; o homem, em espírito; e o espírito, em um deus." A Mônada ou *Jiva* [a "centelha"] foi precipitada inicialmente, pela lei da Evolução, na forma mais baixa da matéria: o mineral. Encerrada na pedra (ou no que iria tornar-se mineral e pedra na Quarta Ronda), e depois de um giro sétuplo, então a Mônada desliza para fora como um líquen, por assim dizer. E, passando através de todas as formas de matéria vegetal ao que se chama de matéria animal, alcança o ponto em que se deve converter, digamos assim, no germe do animal que se transformará em homem físico. Tudo isso, até a Terceira Ronda, é sem forma, como matéria, e insensível, como consciência.

Cada nova Ronda desenvolve um dos elementos compostos. Assim, a Primeira Ronda não desenvolveu senão um Elemento, uma só natureza e uma só humanidade, naquilo que se pode chamar um aspecto da Natureza. A Segunda Ronda manifestou e desenvolveu dois Elementos, o Fogo e o Ar, e *sua* humanidade (se é que podemos dar o nome Humanidade a seres que viviam em condições ignoradas pelo homem) adaptou-se a essa condição da Natureza. Os centros de consciência da Terceira Ronda (destinados a desenvolver-se e transformar-se na humanidade que hoje conhecemos) chegaram à percepção do terceiro Elemento, a Água. Os da Quarta Ronda acrescentaram um estado de matéria, a *terra*, aos outros três elementos em sua atual transformação.

Nas Rondas precedentes, nenhum dos chamados elementos existia tal como é hoje. Os elementos, sejam simples ou compostos, não podem ter permanecido sempre os mesmos desde o começo da evolução de nossa cadeia. No Universo, todas as coisas progridem constantemente durante o Grande Ciclo, e nos ciclos menores passam sem cessar por fases ascendentes e descendentes. A Natureza jamais permanece estacionária durante um *Manvantara*; não se limita a *ser*, mas está continuamente *vindo a ser*. A vida mineral, vegetal e humana não para de adaptar seus organismos aos Elementos predominantes na ocasião e, por isso, *aqueles* Elementos eram então apropriados para ela, como o são agora para a vida da humanidade presente. Só no decorrer da próxima Ronda – a quinta – é que o quinto Elemento, o *Éter*, o corpo grosseiro do *Âkâsha* (se assim podemos qualificá-lo), tornando-se uma coisa familiar da Natureza para todos os homens, como para nós é o ar atualmente, deixará de ser o "agente" hipotético de tantas coisas, como hoje é considerado.

Ensina a Ciência atual que nos organismos do homem e do animal, tanto vivos como mortos, pululam inúmeras bactérias de espécies as mais diversas. Mas a Ciência ainda não chegou ao ponto de afirmar, como faz a doutrina oculta, que os nossos corpos, assim como os dos animais, das plantas e pedras, são inteiramente formados de seres semelhantes. As mesmas *vidas invisíveis* e infinitesimais compõem os átomos dos corpos da montanha e da margarida, do homem e da formiga, do elefante e da árvore que o abriga do sol. Toda partícula, chamem-na orgânica ou inorgânica, *é uma vida*.

Que relação há entre "o Peixe, o Pecado e a Lua", da frase apocalíptica da estância, e os micróbios da vida? Com os micróbios, nenhuma, exceto pelo fato de esses se servirem do tabernáculo de barro preparado por eles; com o homem perfeito e divino, há uma relação total, porque "o Peixe, o Pecado e a Lua" constituem, unidos, os três símbolos do Ser imortal. A palavra "Pecado" é curiosa, mas tem uma relação particular e oculta com a Lua, sendo, aliás, o seu equivalente caldeu [*Suen*, cuja pronúncia em acadiano é Sin].

6. DESDE O PRIMEIRO NASCIDO (*O PRIMEIRO HOMEM OU O HOMEM PRIMITIVO*), O FIO QUE UNE O VIGILANTE SILENCIOSO À SUA SOMBRA TORNA-SE MAIS E MAIS FORTE E RELUZENTE A CADA MUTAÇÃO (*REENCARNAÇÃO*). A LUZ DO SOL DA MANHÃ SE TRANSFORMOU NO ESPLENDOR DO MEIO-DIA...

O "Vigilante" e suas "Sombras" (sendo estas tão numerosas quanto as reencarnações da mônada) são um só. O Vigilante, ou o protótipo divino, ocupa o degrau superior da escada da existência, a sombra, o inferior.

7. EIS A TUA RODA ATUAL, DIZ A CHAMA À CENTELHA. TU ÉS EU MESMA, MINHA IMAGEM E MINHA SOMBRA. EU REVESTI-ME DE TI, E TU ÉS O MEU VAHÂN (*VEÍCULO*) ATÉ O "DIA SÊ CONOSCO", QUANDO VOLTARÁS A SER EU MESMA E OS OUTROS, TU MESMA E EU. ENTÃO, OS CONSTRUTORES, METIDOS EM SUA PRIMEIRA VESTIMENTA, DESCEM À RADIANTE TERRA E REINAM SOBRE OS HOMENS – QUE SÃO ELES MESMOS...

No *Parinirvâna* (quando o *Pralaya* tiver reduzido não só os corpos materiais e psíquicos, mas também os próprios *Egos* espirituais, ao seu princípio original), as Humanidades Passadas, Presentes e até mesmo Futuras, assim como todas as coisas, não formarão mais do que uma só unidade. Tudo será reabsorvido pelo *Grande Sopro*.

Os *Dhyâni-Buddhas* dos dois grupos superiores – a saber, os "Vigilantes" e os "Arquitetos" – deram reis e chefes divinos às múltiplas e diferentes raças. Foram esses chefes os que ensinaram à humanidade as artes e as ciências, e esses reis os que revelaram as grandes verdades espirituais dos mundos transcendentes às Mônadas encarnadas que, tendo acabado de deixar seus veículos nos Reinos inferiores, haviam, assim, perdido toda a lembrança de sua origem divina.

PARTE DOIS

ANTROPOGÊNESE

Estância I

PRINCÍPIOS DA VIDA SENCIENTE

[1. *O Lha, ou Espírito da Terra.* 2. *Invocação da Terra ao Sol.* 3. *O que o Sol responde.* 4. *Transformação da Terra.*]

1. O LHA QUE DIRIGE O QUARTO (*GLOBO, OU A NOSSA TERRA*) É O SERVIDOR DO(S) LHA(S) DOS SETE (*OS ESPÍRITOS PLANETÁRIOS*), OS QUE GIRAM CONDUZINDO SUAS CARRUAGENS AO REDOR DO SEU SENHOR, O OLHO ÚNICO (*LOKA-CHAKSHUH*) DO NOSSO MUNDO. SEU ALENTO DEU VIDA AOS SETE (*DEU LUZ AOS PLANETAS*). DEU VIDA AO PRIMEIRO.

Lha é um termo antigo usado nas regiões trans-himalaicas para designar um "Espírito", qualquer Ser celestial ou *super-humano*, e abrange toda a série de hierarquias celestes, desde um Arcanjo ou *Dhyâni* até um anjo das trevas, ou Espírito terrestre.

"Os sete superiores fazem os Sete *Lhas* criarem o mundo" – reza um Comentário. Quer dizer que a nossa Terra – para não falar do resto – foi *criada* ou formada por espíritos terrestres, sendo os "Regentes" apenas os supervisores. Os Superiores eram os *Kosmocratas*, os construtores do nosso sistema solar.

"Seu alento deu vida aos sete" refere-se tanto ao Sol, que dá vida aos Planetas, como ao "Superior", o *Sol Espiritual*, que dá vida a todo o Kosmos.

2. DISSE A TERRA: "SENHOR DA FACE RESPLANDECENTE (*O SOL*), MINHA CASA ESTÁ VAZIA [...]. ENVIA OS TEUS FILHOS PARA POVOAREM ESTA RODA (*A TERRA*). ENVIASTE OS TEUS SETE FILHOS AO SENHOR DA SABEDORIA. SETE VEZES ELE TE VÊ MAIS PERTO DE SI, SETE VEZES ELE TE SENTE. PROIBISTE AOS TEUS SERVIDORES, OS PEQUENOS ANÉIS, QUE RECOLHESSEM A TUA LUZ E O TEU CALOR E INTERCEPTASSEM A TUA GRANDE MUNIFICÊNCIA EM SUA PASSAGEM. ENVIA-OS AGORA À TUA SERVA!"

O "Senhor da Sabedoria" é Mercúrio, ou *Budha*.

O Comentário moderno explica essas palavras como uma alusão ao fato astronômico consabido de que "Mercúrio recebe do Sol sete vezes mais luz e calor que a Terra, e até mais que o formoso Vênus, o qual só recebe o dobro da quantidade incidente sobre o nosso insignificante Globo". O Sol, porém, recusa-se a povoar o globo, porque esse ainda não está apto a receber a vida.

3. DISSE O "SENHOR DA FACE RESPLANDECENTE": "EU TE ENVIAREI UM FOGO QUANDO TEU TRABALHO ESTIVER COMEÇADO. ELEVA A TUA VOZ A OUTROS LOKAS; ASSISTE O TEU PAI, O SENHOR DO LÓTUS (*KUMUDA-PATI*), NA PROCURA DE SEUS FILHOS [...]. TUA GENTE ESTARÁ SOB O COMANDO DOS PAIS (*PITRI-PATI*). TEUS HOMENS SERÃO MORTAIS. OS HOMENS DO SENHOR DA SABEDORIA (*BUDHA, MERCÚRIO*), NÃO OS FILHOS DE SOMA (*A LUA*), SÃO IMORTAIS. CESSA AS TUAS QUEIXAS. TUAS SETE PELES AINDA ESTÃO SOBRE TI [...]. TU NÃO ESTÁS PREPARADA. TEUS HOMENS NÃO ESTÃO PREPARADOS."

Kumuda-Pati é a Lua, a mãe da Terra. Embora os *Pitris* (*Pitar* ou "Pais") sejam filhos dos Deuses, e também filhos de *Brahmâ* e até *Rishis*, são eles geralmente conhecidos como os antepassados "lunares".

Pitri-Pati é o senhor ou rei dos *Pitris*, *Yama*, deus da Morte e Juiz dos mortais. Os homens de *Budha* (Mercúrio) são metaforicamente *imortais*, por sua Sabedoria.

Em cada raça, o organismo do homem adaptou-se ao meio ambiente. A primeira Raça-Raiz foi tão etérea quanto a nossa é física. A progênie dos Sete Criadores, que gradualmente produziu os sete Adões primordiais, não necessitava, seguramente, de gases purificados para respirar e viver. A Escritura Arcaica ensina que, no início de cada *Kalpa*, ou Ronda, local, a terra volta a nascer; "assim como o *Jiva* (mônada) humano, ao passar a uma nova matriz, recobre-se de outro corpo, assim também sucede com o *Jiva* da Terra: em cada Ronda ele se reveste de um invólucro mais perfeito e mais sólido, ao surgir uma vez mais da matriz do espaço para a objetividade". Semelhante processo é, naturalmente, acompanhado pelas dores do novo nascimento, isto é, as convulsões geológicas.

4. DEPOIS DE GRANDES SOFRIMENTOS, LIBERTOU-SE ELA (*A TERRA*) DE SUAS TRÊS PELES VELHAS, VESTIU AS SETE PELES NOVAS E PERMANECEU COM A PRIMEIRA.

Diz-se que a Terra se libertou de suas *três* peles velhas, referindo-se isso às três Rondas precedentes, pelas quais já havia passado; sendo a atual a *quarta* de sete Rondas. No começo de cada RONDA nova, após um período de "obscurecimento", a Terra (como também sucede às três outras "terras") se desfaz – ou assim se supõe – de suas velhas peles, tal como a serpente. As "Sete Peles", com a primeira das quais permanece atualmente, se refere às sete mudanças geológicas que acompanham a evolução das Sete Raças-Raízes da Humanidade e lhes correspondem.

Estância II

SEM AJUDA, A NATUREZA FALHA

[*5. Depois de enormes períodos, a Terra cria monstros. 6. Os "Criadores" se desgostam. 7. Secam a Terra. 8. Destroem as formas. 9. As primeiras grandes marés. 10. O início da deformação da crosta.*]

5. A RODA GIROU POR TRINTA CRORES (*DE ANOS*).[1] CONSTRUIU RÛPAS (*FORMAS*). PEDRAS MOLES QUE ENDURECERAM (*MINERAIS*); PLANTAS DURAS QUE AMOLECERAM (*VEGETAIS*). O VISÍVEL DO INVISÍVEL, OS INSETOS E AS PEQUENAS VIDAS (*SARÎSRIPA, SVAPADA*). ELA (*A TERRA*) OS SACUDIA DE SEU DORSO, QUANDO INVADIAM A MÃE. DEPOIS DE TRINTA CRORES, ELA SE VOLTOU POR COMPLETO. DEITAVA-SE DE COSTAS, DE LADO... NÃO QUERIA CHAMAR OS FILHOS DO CÉU, NÃO QUERIA RECORRER AOS FILHOS DA SABEDORIA. ELA CRIOU DE SEU PRÓPRIO SEIO. PRODUZIU HOMENS AQUÁTICOS, TERRÍVEIS E MALVADOS.

Esta parte se refere a uma inclinação do eixo (e houve várias) e ao consequente dilúvio e caos sobre a Terra (porém sem nenhuma relação com o Caos Primordial), quando foram criados monstros, meio-homens, meio-animais.

---

[1] Trezentos milhões de anos, ou Três Idades Ocultas.

"Os homens aquáticos, terríveis e malvados", que foram o produto da natureza física somente, um resultado do "impulso evolucionário" e da primeira tentativa de criação do *homem*, "coroamento", objetivo e finalidade de toda vida animal na Terra, são descritos em nossas estâncias como um malogro.

6. OS HOMENS AQUÁTICOS, TERRÍVEIS E MALVADOS, ELA MESMA OS CRIOU COM OS RESTOS DOS OUTROS (*MINERAL, VEGETAL E ANIMAL*). FORMOU-OS COM A ESCÓRIA E O LIMO DE SUA PRIMEIRA, SEGUNDA E TERCEIRA (*RONDAS*). OS DHYÂNIS VIERAM E OLHARAM... OS DHYÂNIS, PROCEDENTES DO RESPLANDECENTE PAI-MÃE, VIERAM DAS BRANCAS REGIÕES (*SOLARES-LUNARES*), DAS MANSÕES DOS MORTAIS-IMORTAIS.

Vemos que a natureza física falhou, quando abandonada a si mesma na criação do homem animal. Pode ela produzir os dois primeiros reinos, assim como o dos animais inferiores; mas ao chegar a vez do homem, são necessários para sua criação poderes espirituais, independentes e inteligentes, além das "vestes de pele" e do "Sopro de Vida animal". As Mônadas humanas das Rondas anteriores requerem algo mais elevado que os materiais puramente físicos para construir suas personalidades, com o risco de ficarem num grau ainda inferior ao de qualquer "Frankenstein" animal.

7. ELES FICARAM DESCONTENTES. NOSSA CARNE NÃO ESTÁ AÍ (*DISSERAM ELES*). NÃO HÁ RÛPAS CONVENIENTES AOS NOSSOS IRMÃOS DA QUINTA. NÃO HÁ MORADAS PARA AS VIDAS. ELES DEVEM BEBER ÁGUAS PURAS, E NÃO TURVAS. SEQUEMO-LAS (*AS ÁGUAS*).

8. AS CHAMAS VIERAM. OS FOGOS COM AS CENTELHAS; OS FOGOS DA NOITE E OS FOGOS DO DIA. ELES SECARAM AS ÁGUAS TURVAS E ESCURAS. COM O SEU CALOR, ELES AS ESGOTARAM. OS LHAS (*ESPÍRITOS*) DO ALTO E OS LHAMAYIN (*TAMBÉM ESPÍRITOS*) DE ABAIXO VIERAM. DESTRUÍRAM AS FORMAS DE DUAS E DE QUATRO FACES. LUTARAM COM OS HOMENS-CABRAS, OS HOMENS DE CABEÇA DE CÃO E OS HOMENS COM CORPO DE PEIXE.

As "Chamas" são uma Hierarquia de Espíritos paralela, se não idêntica, aos "ardentes" *Saraph* (Serafins) mencionados por Isaías (6:2-6).

Não deve ser dado à palavra "Abaixo" o sentido de regiões infernais, mas apenas um sentido espiritual, ou melhor, etéreo: refere-se a Seres de grau inferior, por estarem mais próximos da Terra, ou de um grau mais elevado que a nossa esfera terrestre; ao passo que os *Lhas* são Espíritos das Esferas mais altas.

9. ÁGUA-MÃE, O GRANDE MAR, CHOROU. ELA SE LEVANTOU, DESAPARECEU NA LUA, QUE A TINHA CRIADO, QUE A FIZERA NASCER.

A Lua é muito mais velha que a Terra; e a Terra é que deve sua existência à Lua, em que pese a explicação da astronomia e da geologia para o fato. Daí a razão das marés e da atração exercida pela Lua, como o demonstra a parte líquida do nosso Globo: sempre se esforçando por elevar-se até a sua mãe.

10. QUANDO ELES (*OS RÛPAS*) FORAM DESTRUÍDOS, A MÃE TERRA FICOU VAZIA. ELA PEDIU QUE A SECASSEM.

Soara a hora da formação da crosta da Terra. As águas tinham se separado, e o processo iniciou-se. Era o começo de uma nova vida.

Estância III

TENTATIVAS DE CRIAÇÃO DO HOMEM

[11. *A Descida do Demiurgo.* 12. *Os deuses lunares recebem ordem para criar.* 13. *Os deuses superiores se recusam.*]

11. O SENHOR DOS SENHORES VEIO. E DO CORPO DELA SEPAROU AS ÁGUAS, E AQUILO FOI O CÉU EM CIMA: O PRIMEIRO CÉU (*A ATMOSFERA OU O AR, O FIRMAMENTO*).

12. OS GRANDES CHOHANS (*SENHORES*) CHAMARAM OS SENHORES DA LUA, DOS CORPOS AÉREOS. "PRODUZI HOMENS (*DISSERAM-LHES*), HOMENS COM A VOSSA NATUREZA. DAI-LHES (*ISTO É, AOS JIVAS OU MÔNADAS*) AS FORMAS INTERNAS. ELA (*A MÃE TERRA OU NATUREZA*) CONSTRUIRÁ AS VESTIMENTAS EXTERNAS (*CORPOS EXTERNOS*). (*POIS*) SERÃO MACHOS-FÊMEAS. SENHORES DA CHAMA TAMBÉM."

Quem são os Senhores da Lua? Na Índia, chamam-nos *Pitris* ou "antepassados lunares", mas nos manuscritos hebraicos o próprio Jeová é o "Senhor da Lua", coletivamente a Legião, e também um dos Elohim.

13. CADA UM DELES (*OS DEUSES LUNARES*) SEGUIU PARA O TERRITÓRIO QUE LHE FOI DESTINADO: ERAM SETE, CADA QUAL EM SEU LOTE. OS SENHORES DA CHAMA FICARAM ATRÁS. NÃO QUERIAM IR, NÃO QUERIAM CRIAR.

Os ensinamentos Secretos nos mostram os Progenitores divinos criando homens em sete partes do globo, "cada qual em seu lote", isto é, cada qual uma raça de homens externa e internamente diferente, e em zonas distintas.

Assim, como os "*Dhyânis* ou *Pitris*" superiores não tomaram parte em sua criação física, vemos o homem primordial – saído do corpo de seus progenitores *espiritualmente sem fogo* – descrito como um ser aeriforme, não compacto e SEM MENTE. Não tinha o princípio médio que servisse de elo entre o *superior* e o *inferior* – o homem espiritual e o cérebro físico –, porque não era dotado de *Manas*. As Mônadas que se encarnaram naquelas CONCHAS *vazias* permaneceram tão inconscientes como eram quando estavam separadas de suas formas e de seus veículos incompletos anteriores. Neste nosso plano não há nenhuma potencialidade de criação ou autoconsciência em um Espírito *puro*, a não ser que a sua natureza por demais homogênea, perfeita – por ser divina –, se misture, por assim dizer, a uma essência já diferenciada, sendo por ela fortalecida.

Entre o homem e o animal – cujas Mônadas (ou *Jivas*) são no fundo idênticas – existe o abismo intransponível da Mentalidade e da Autoconsciência. Que é a mente humana em seu aspecto superior? De onde procede ela, se não é uma parte da essência – e em alguns casos raros de encarnação, a *essência mesma* – de um Ser superior, de um Ser pertencente a um plano superior e divino? Pode o homem – esse deus encerrado em forma animal – ser produto da Natureza Material só pela evolução, como é o animal? E qual será a causa de tal diferença, se não for o homem um animal *e um deus vivo* dentro de sua concha física?

Estância IV

CRIAÇÃO DAS PRIMEIRAS RAÇAS

[14. *Criação dos homens.* 15. *São sombras vazias.* 16. *Os Criadores estão perplexos, indagando-se como devem criar o homem PENSANTE.* 17. *O que se faz necessário à formação de um homem perfeito.*]

14. AS SETE LEGIÕES, OS SENHORES "NASCIDOS DA VONTADE (*OU DA MENTE*)", IMPULSIONADOS PELO ESPÍRITO DISPENSADOR DA VIDA (*FOHAT*), SEPARARAM OS HOMENS DE SI MESMOS, CADA QUAL EM SUA PRÓPRIA ZONA.

Eles se desprenderam de suas "sombras" ou *corpos astrais* – se é que se pode dizer que um ser tão etéreo quanto um "Espírito lunar" possui um corpo astral, além de outro quase intangível.

Houve uma evolução espiritual, uma evolução psíquica, uma evolução intelectual e uma evolução animal, do mais elevado ao mais baixo, assim como um desenvolvimento físico – do simples e homogêneo ao mais complexo e heterogêneo; sem que isso, porém, tenha ocorrido segundo as linhas traçadas pelos evolucionistas modernos. Essa dupla evolução, em dois sentidos contrários, exigiu várias eras, de natureza e graus diversos de espiritualidade e intelectualidade, para construir o ser agora conhecido como homem. Além disso, a lei una absoluta, sempre em ação e infalível, que procede sempre do mesmo modo de uma a outra eternidade (ou *Manvantara*) – proporcionando sempre uma escala ascendente ao manifestado, ou àquilo que chamamos a Grande Ilusão (*Mahâ-Mâyâ*), mas submergindo o Espírito cada vez mais profundamente na materialidade, por um lado, e depois assegurando a sua *redenção por meio da carne* e libertando-o –, essa lei, dizemos, emprega, para tais objetivos, Seres pertencentes a outros planos mais elevados, homens ou *Mentes* (*Manus*), conforme as suas exigências Cármicas.

15. SETE VEZES SETE SOMBRAS (*CHHÂYÂS*) DE HOMENS FUTUROS (*OU AMÂNASAS*) NASCERAM (*DESSE MODO*), CADA UMA COM SUA PRÓPRIA COR (*COMPLEIÇÃO*) E ESPÉCIE. CADA UMA (*TAMBÉM*) INFERIOR A SEU PAI (*CRIADOR*). OS PAIS, OS SEM-OSSOS, NÃO PODIAM DAR A VIDA A SERES COM OSSOS. SUA PROGÊNIE FOI BHUTÂ (FANTASMAS), SEM FORMA NEM MENTE. POR ISSO, ESSA RAÇA FOI CHAMADA CHHÂYÂ (IMAGEM OU SOMBRA).

Manu vem da raiz "*man*", pensar. Por esse motivo, essas sombras são chamadas *amânasas*, "sem mente".

Cada classe de Criadores contribui com aquilo que tem para dar: uma constrói a forma externa do homem; a outra lhe comunica a sua essência, que depois se converte no *Eu Superior* Humano graças aos *esforços pessoais do indivíduo*. Não podiam, porém, os Criadores fazer o homem tal como eles próprios eram: perfeitos, porque impecáveis; impecáveis, porque só tinham os primeiros vagos e pálidos contornos dos atributos, e esses eram – do ponto de vista humano – absolutamente perfeitos, com a alvura, a pureza e o refrigério da neve imaculada. Onde não há luta, não há mérito. A Humanidade "deste globo terráqueo" não estava destinada a ser criada pelos anjos do primeiro Alento divino. Essa é a razão por que se diz que eles *se recusaram* a criá-la, e o homem teve de ser formado por criadores mais materiais, os quais, por sua vez, só podiam dar aquilo que fizesse parte de sua própria natureza, e nada mais. Sujeitos à lei eterna, os deuses puros só podiam projetar de si mesmos *sombras* de homens, um pouco menos etéreos e espirituais, menos *divinos e perfeitos* do que eles próprios – sombras também. A primeira humanidade foi, portanto, uma pálida cópia de seus progenitores; material demais, apesar de etérea, para constituir uma hierarquia de deuses; espiritual e pura demais para constituir HOMENS – possuindo, como possuía, todas as perfeições *negativas* (*Nirguna*). A perfeição, para que o seja verdadeiramente, deve nascer da imperfeição; o *incorruptível* deve ter sua imagem no corruptível, que será o seu veículo, sua base e seu contraste.

Os poderes *criadores* produzem o Homem, mas não alcançam o objetivo final. Todos esses logos se esforçam por dotar o homem com o espírito *consciente* e imortal, que só se reflete na Mente (*manas*). Falham, e por isso são punidos, se não pela própria tentativa. De que natureza é o castigo? É uma sentença de prisão na região inferior, que outra não é senão *a Terra, a mais baixa de sua cadeia;* uma "eternidade" – que significa a duração de um ciclo de vida – nas *trevas* da matéria, ou *dentro do Homem-animal*.

16. COMO NASCERAM OS (*VERDADEIROS*) MANUSHYAS? COMO OS FORMARAM OS MANUS COM MENTE? OS PAIS (*BARHISHAD*) CHAMARAM EM SUA AJUDA O SEU PRÓPRIO FOGO (*O KAVYAVÂHANA, FOGO ELÉTRICO*), QUE É O FOGO QUE ARDE NA TERRA. O ESPÍRITO DA TERRA CHAMOU EM SUA AJUDA O FOGO SOLAR (*SUCHI, O ESPÍRITO QUE ESTÁ NO SOL*). ESSES TRÊS (*OS PITRIS E OS DOIS FOGOS*), COM SEUS ESFORÇOS CONJUGADOS, PRODUZIRAM UM BOM RÛPA. (*A FORMA*) PODIA ESTAR DE PÉ, ANDAR, CORRER, CURVAR-SE OU VOAR. CONTUDO, NÃO PASSAVA AINDA DE UM *CHHÂYÂ*, UMA SOMBRA SEM ENTENDIMENTO [...].

Os "*Manushyas*" (homens) e os *Manus* correspondem ao "Adão" caldeu: termo que absolutamente não significa o primeiro homem, como pensam os judeus, nem designa um indivíduo isolado, mas a *humanidade* coletivamente. Quatro ordens ou classes, dentre as sete de *Dhyân-Chohans* – reza o Comentário –, "foram os progenitores do homem *oculto*"; ou seja, do homem interno e sutil. O "*Lha*" da Lua, os espíritos lunares, não foram, como já dissemos, senão os *antepassados da forma humana*, isto é, do modelo pelo qual a Natureza empreendeu a sua obra externa sobre o homem. Assim, o homem primitivo, quando apareceu, era somente um *Bhûta* sem entendimento, ou um "fantasma".

Essa tentativa igualmente não surtiu efeito. É a alegoria da vaidade dos esforços da natureza *física* para construir, sozinha, um *animal* perfeito – e muito menos o homem. Porque os "Pais", os Anjos inferiores, são todos Espíritos da Natureza, e os Elementais superiores possuem também uma inteligência que lhes é própria, mas isso não basta para tornar possível a construção de um homem PENSANTE. Era mister o "Fogo *Vivo*", esse fogo que confere à mente humana sua percepção e a consciência peculiar, ou *Manas*.

17. O SOPRO (*A MÔNADA HUMANA*) NECESSITAVA DE UMA FORMA; DERAM-NA OS PAIS. O SOPRO NECESSITAVA DE UM CORPO DENSO; A TERRA O MODELOU. O SOPRO NECESSITAVA DO ESPÍRITO DA VIDA; OS LHAS SOLARES O INSUFLARAM EM SUA FORMA. O SOPRO NECESSITAVA DE UM ESPELHO DE SEU CORPO (*A SOMBRA ASTRAL*); "NÓS LHE DAMOS O NOSSO!", DISSERAM OS DHYÂNIS. O SOPRO NECESSITAVA DE UM VEÍCULO DOS DESEJOS (*KÂMA-RÛPA*); "AQUI O TEM!", DISSE O DRENADOR DAS ÁGUAS (*SUCHI, O FOGO DA PAIXÃO E DO INSTINTO ANIMAL*). MAS O SOPRO NECESSITAVA DE UMA MENTE PARA ABRANGER O UNIVERSO; "ISSO NÃO PODEMOS DAR!", DISSERAM OS PAIS. "NUNCA A TIVE!", DISSE O ESPÍRITO DA TERRA. "SE EU LHE DESSE A MINHA, A FORMA SERIA CONSUMIDA!", DISSE O GRANDE FOGO (*SOLAR*) [...]. O HOMEM (*NASCENTE*) PERMANECEU UM BHÛTA, VAZIO E SEM ENTENDIMENTO [...]. ASSIM, OS SEM-OSSOS DERAM A VIDA AOS QUE (*MAIS TARDE*) VIERAM A SER OS HOMENS COM OSSOS NA TERCEIRA (*RAÇA*).

O "Pai" do homem físico primitivo, ou do seu corpo, é o princípio elétrico vital que reside no Sol. A Lua é sua Mãe, por causa do misterioso poder que possui, e exerce uma influência tão marcante na gestação e na geração humana, que ela preside, como também no crescimento das plantas e dos animais. O "Vento" ou Éter, que no caso tem o papel de agente transmissor, por intermédio do qual essas influências são transportadas e descem dos dois astros, disseminando-se pela Terra, é mencionado como a "nutriz", mas só o "Fogo Espiritual" faz do homem uma entidade divina e perfeita.

Estância V

A EVOLUÇÃO DA SEGUNDA RAÇA

[18. *Os Filhos do Yoga.* 19. *A Segunda Raça sem Sexo.* 20. *Os Filhos dos Filhos do Crepúsculo.* 21. *A "Sombra", ou o Homem Astral, retira-se para o interior, e o homem desenvolve um corpo físico.*]

18. A PRIMEIRA (RAÇA) FOI FORMADA PELOS FILHOS DO YOGA. SEUS FILHOS, OS FILHOS DO PAI AMARELO E DA MÃE BRANCA.

Os homens da primeira raça foram, pois, simplesmente as imagens, os duplos astrais de seus Pais, que eram os vanguardeiros ou as Entidades mais avançadas de uma esfera anterior, mas *inferior*, cujo cascão é hoje a nossa Lua.

A lei da evolução obrigou os "Pais" lunares a passar, em seu estado monádico, por todas as formas da vida e do ser neste globo; mas no fim da Terceira Ronda eram já humanos em sua natureza divina, e por isso foram chamados para ser os criadores das formas destinadas a servir de tabernáculos das Mônadas menos adiantadas, que estavam na hora de encarnar. Essas "Formas" chamam-se "Filhos do Yoga", porque Yoga é a suprema condição da divindade passiva infinita.

19. A SEGUNDA RAÇA (*FOI*) PRODUZIDA POR BROTAMENTO E EXPANSÃO, A (*FORMA*) ASSEXUAL PROCEDENTE DA (*SOMBRA*) SEM SEXO. ASSIM, Ó LANU, FOI PRODUZIDA A SEGUNDA RAÇA.

Esses dois modos de procriação são os mais difíceis de compreender, especialmente para a mentalidade ocidental. Como seria possível esses *Chhâyâs* se reproduzirem de forma diferente, isto é, procriarem a Segunda Raça, se eram etéreos, assexuais e até mesmo desprovidos do veículo do desejo, ou *Kâma-Rûpa*, que só veio a desenvolver-se na Terceira Raça? Eles deram origem à Segunda Raça de modo inconsciente, como fazem certas plantas.

20. SEUS PAIS FORAM OS NASCIDOS POR SI MESMOS. OS NASCIDOS POR SI MESMOS, OS CHHÂYÂS PROCEDENTES DOS BRILHANTES CORPOS DOS SENHORES, OS PAIS, OS FILHOS DO CREPÚSCULO.

As "sombras" ou os *Chhâyâs* são chamados os filhos dos "nascidos por si mesmos", pois esse nome se aplica a todos os deuses e a todos os Seres nascidos por meio da VONTADE, seja da Divindade, seja de um Adepto.

21. QUANDO A RAÇA ENVELHECEU, AS ÁGUAS ANTIGAS SE MISTURARAM COM AS ÁGUAS MAIS RECENTES. QUANDO SUAS GOTAS FICARAM TURVAS, ELAS SE DESVANECERAM E SUMIRAM NA CORRENTE NOVA, A CORRENTE CÁLIDA DA VIDA. O EXTERIOR DA PRIMEIRA SE CONVERTEU NO INTERIOR DA SEGUNDA. A VELHA ASA PASSOU A SER A SOMBRA NOVA E A SOMBRA DA ASA.

A Raça antiga (primitiva) fundiu-se com a Segunda Raça, e ambas se tornaram uma só.

Esse é o misterioso processo de transformação e evolução da humanidade. O material das primeiras formas – nebuloso, etéreo e negativo – foi atraído pelas formas da Segunda Raça e por elas absorvido, tornando-se, desse modo, o seu complemento. O material primitivo ou paterno era usado para a formação do novo ser para constituir o corpo e até mesmo os princípios ou os corpos interiores, ou *inferiores*, da progênie.

Quando a "Sombra" se retira, ou seja, quando o corpo astral se reveste de uma carne mais sólida, o homem desenvolve um corpo físico. A "asa" ou forma etérea, que produzia sua sombra e sua imagem, passou a ser a sombra do corpo astral e a sua própria progênie.

Estância VI

A EVOLUÇÃO DOS "NASCIDOS DO SUOR"

[22. *A evolução das três raças continua.* 23. *A Segunda Raça cria a Terceira e perece.*]

22. A SEGUNDA DESENVOLVEU DEPOIS OS NASCIDOS DO OVO, A TERCEIRA (*RAÇA*). O SUOR AUMENTOU, SUAS GOTAS CRESCERAM, E AS GOTAS SE TORNARAM DURAS E REDONDAS. O SOL OS AQUECEU; A LUA OS ESFRIOU E OS MODELOU; O SOPRO OS ALIMENTOU ATÉ A MATURIDADE. O CISNE BRANCO DA ABÓBADA ESTRELADA (*A LUA*) FECUNDOU A GRANDE GOTA. O OVO DA FUTURA RAÇA, O HOMEM-CISNE (*HAMSA*) DA TERCEIRA ULTERIOR. PRIMEIRO, MACHO-FÊMEA; DEPOIS, HOMEM E MULHER.

Tendo a Primeira Raça criado a Segunda por "brotamento", conforme já dissemos, a Segunda Raça deu origem à Terceira, que, por sua vez, se separou em três ramos distintos, compostos de homens procriados de maneira diversa. A separação dos sexos deu-se na Terceira Sub-Raça da Terceira Raça-Raiz. De assexual que era a princípio, a Humanidade passou a hermafrodita ou bissexual, e finalmente o ovo humano começou a dar origem, de modo gradual e quase imperceptível em seu processo evolutivo, primeiro a seres nos quais predominava um dos dois sexos e, por último, a homens e mulheres completamente diferenciados.

23. OS NASCIDOS POR SI MESMOS FORAM OS CHHÂYÂS, AS SOMBRAS DOS CORPOS DOS FILHOS DO CREPÚSCULO. NEM A ÁGUA NEM O FOGO PODIAM DESTRUÍ-LOS. SEUS FILHOS FORAM (*DESTRUÍDOS ASSIM*).

A Primeira Raça-Raiz, as "Sombras" dos Progenitores, era indene à destruição pela morte. Sendo tão etérea e tão pouco "humana", como entendemos o termo, em sua constituição, não podia ser atingida por nenhum elemento – inundações ou fogo; mas os seus "Filhos", a Segunda Raça-Raiz, podiam ser assim destruídos, e o foram. A maior parte da Segunda Raça pereceu nessa primeira e tremenda agonia causada pela evolução e consolidação do globo durante o período humano inicial. Já ocorreram quatro desses grandes cataclismos, e um quinto nos espera, para quando soar a hora devida.

Estância VII

DAS RAÇAS SEMIDIVINAS ATÉ AS PRIMEIRAS RAÇAS HUMANAS

[24. *Em seu orgulho, os criadores superiores repudiam as formas desenvolvidas pelos "Filhos do Yoga". 25. Não querem encarnar-se nos primeiros "Nascidos do ovo". 26. Elegem os andróginos posteriores. 27. O primeiro homem dotado de mente.*]

24. OS FILHOS DA SABEDORIA, OS FILHOS DA NOITE (*EMANADOS DO CORPO DE BRAHMÂ QUANDO VEIO A NOITE*), PRONTOS PARA RENASCER, DESCERAM. VIRAM AS FORMAS (*INTELECTUALMENTE*) VIS DA PRIMEIRA TERCEIRA (*RAÇA AINDA SEM ENTENDIMENTO*). "PODEMOS ESCOLHER", DISSERAM OS SENHORES, "NÓS TEMOS A SABEDORIA". ALGUNS ENTRARAM NOS CHHÂYÂS. OUTROS PROJETARAM UMA CENTELHA. OUTROS AINDA DEMORARAM ATÉ A QUARTA (*RAÇA*). COM SUA PRÓPRIA ESSÊNCIA ENCHERAM (*INTENSIFICARAM*) O KÂMA-RÛPA (*O VEÍCULO DO DESEJO*). OS QUE SÓ RECEBERAM UMA CENTELHA PERMANECERAM DESPROVIDOS DE CONHECIMENTO (*SUPERIOR*); A CENTELHA BRILHAVA DEBILMENTE. UM TERÇO CONTINUAVA SEM MENTE. SEUS JIVAS (*MÔNADAS*) NÃO ESTAVAM PREPARADOS. ESTES FORAM DEIXADOS À PARTE ENTRE AS SETE (*ESPÉCIES HUMANAS PRIMITIVAS*). TORNARAM-SE OS CABEÇAS ESTREITAS. UM TERÇO ESTAVA PREPARADO. "NESTES HABITAREMOS", DISSERAM OS SENHORES DA CHAMA E DA SABEDORIA TENEBROSA.

Até a Quarta Ronda, e mesmo até a segunda parte da Terceira Raça da presente Ronda, o *Homem* (se é que se pode dar esse nome, suscetível de induzir em erro, às formas sempre cambiantes que revestiram as Mônadas nas três primeiras Rondas, nas duas primeiras raças e até o meio da Terceira Raça da Ronda atual) não passa ainda, intelectualmente, de um animal. Somente nessa Quarta Ronda *intermediária* é que nele se desenvolveu totalmente o quarto princípio como veículo apropriado para o quinto.

Com as palavras "*não estavam preparados*" quer-se dizer que o desenvolvimento *Cármico* dessas Mônadas ainda não as capacitava a ocupar as formas humanas que deviam encarnar-se nas Raças intelectuais superiores.

Os Filhos da Sabedoria, os *Dhyânis espirituais*, haviam se tornado "intelectuais" pelo contato com a matéria, por já terem alcançado, em ciclos anteriores de encarnação, esse grau de inteligência que lhes permitia ser entidades independentes e conscientes *neste plano* da matéria. Reencarnaram tão somente em razão de efeitos Cármicos. *Entraram* naqueles que estavam "preparados", convertendo-se nos *Arhats* ou *sábios*.

Não quer isso dizer que as *Mônadas* tenham entrado em formas já ocupadas por outras Mônadas. Eram "Essências", "Inteligências" e *espíritos conscientes;* entidades que tentavam ser ainda mais conscientes unindo-se com matéria mais desenvolvida. Sua essência era pura demais para que se distinguisse da essência universal; mas seus "Egos" ou *Manas* (pois são chamados *Manasaputras*, nascidos de "*Mahat*" ou *Brahmâ*) deviam passar por experiências humanas terrenas para que chegassem a ser *completamente sábios* e pudessem marchar de volta pelo ciclo ascendente. As *Mônadas* não são princípios *distintos*, limitados ou condicionados, mas raios daquele Princípio universal *absoluto*.

25. COMO PROCEDERAM OS MÂNASA, OS FILHOS DA SABEDORIA? RECHAÇARAM OS NASCIDOS POR SI MESMOS (*OS SEM-OSSOS*). NÃO ESTAVAM PREPARADOS. DESDENHARAM OS (*PRIMEIROS*) NASCIDOS DO SUOR. NÃO ESTAVAM

INTEIRAMENTE PREPARADOS. NÃO QUISERAM ENTRAR NOS PRIMEIROS NASCIDOS DO OVO.

A um teísta ou a um cristão esse verso havia de sugerir antes uma ideia teológica: a da Queda dos Anjos pelo Orgulho. Na Doutrina Secreta, porém, as razões para a negativa de encarnar em corpos físicos *meio preparados* parecem relacionar-se mais com motivos fisiológicos do que com motivos metafísicos. Nem todos os organismos se encontravam suficientemente prontos. Os poderes que deviam encarnar escolheram os frutos mais maduros e desprezaram o resto.

26. QUANDO OS NASCIDOS DO SUOR PRODUZIRAM OS NASCIDOS DO OVO, OS DUPLOS (*A TERCEIRA RAÇA ANDRÓGINA*), OS FORTES, OS PODEROSOS DOTADOS DE OSSOS, OS SENHORES DA SABEDORIA DISSERAM: "AGORA CRIAREMOS".

27. (ENTÃO) A TERCEIRA (RAÇA) VEIO A SER O VAHAN (*VEÍCULO*) DOS SENHORES DA SABEDORIA. CRIOU FILHOS DA "VONTADE E DO YOGA". CRIOU-OS POR KRIYÂSHAKTI, OS SANTOS PAIS, ANTEPASSADOS DOS ARHATS [...].

Como foi que eles *criaram*, já que os "Senhores da Sabedoria" são idênticos aos *Devas* indianos, que se recusaram a "criar"? Esse poder foi o de *Kriyâshakti*, poder misterioso e divino que existe latente na vontade de cada homem e que, se não é vivificado, animado e desenvolvido pelo exercício do Yoga, permanece adormecido em 999.999 homens em cada milhão, e acaba assim por atrofiar-se.

Esse poder é explicado como segue em "The Twelve Signs of the Zodiac":[1] "*Kriyâshakti* – misterioso *poder do pensamento*, que permite produzir resultados externos, perceptíveis e fenomenais, em virtude da

---

[1] [Esse artigo de T. Subba Row (1856-1890) foi publicado em *The Theosophist*, novembro de 1881, pp. 41-4, e depois editado por Mme. Blavatsky. Subba Row, um brâmane do sul da Índia, também era discípulo do mestre de Blavatsky. Seus estudos sobre o *Bhagavad Gîtâ*, que frisam seu sentido alegórico, tornaram-no popular entre os teósofos. Ele auxiliaria Mme. Blavatsky na redação de *A Doutrina Secreta*, mas uma divergência quanto ao que deveria ser apresentado ao público o fez abandonar esse projeto.]

energia que lhe é inerente. Os antigos acreditavam que toda ideia podia manifestar-se *exteriormente*, se a atenção (e a Vontade) se concentrasse profundamente nela. Analogamente, uma intensa volição seria seguida do efeito desejado."

Estância VIII

A EVOLUÇÃO DOS ANIMAIS MAMÍFEROS: A PRIMEIRA QUEDA

[28. *Como foram produzidos os primeiros mamíferos.* 29. *Uma evolução quase darwiniana.* 30. *Os animais adquirem corpos sólidos.* 31. *Sua separação em sexos.* 32. *O primeiro pecado dos homens sem mente.*]

28. DAS GOTAS DE SUOR, DOS RESÍDUOS DA SUBSTÂNCIA, DO MATERIAL PROVENIENTE DOS CORPOS MORTOS DOS HOMENS E DOS ANIMAIS DA RODA ANTERIOR (*A TERCEIRA RONDA*) E DO PÓ ABANDONADO FORAM PRODUZIDOS OS PRIMEIROS ANIMAIS (*DESTA RONDA*).

A doutrina Oculta afirma que, na Ronda atual, os mamíferos foram produzidos pela evolução posteriormente ao homem.

29. ANIMAIS COM OSSOS, DRAGÕES DO OCEANO E SARPAS (*SERPENTES*) VOADORAS VIERAM JUNTAR-SE AOS SERES QUE RASTEJAM. OS QUE SE ARRASTAM PELO SOLO GANHARAM ASAS. OS AQUÁTICOS DE PESCOÇO LONGO TORNARAM-SE ANTEPASSADOS DAS AVES DO AR.

30. DURANTE A TERCEIRA (*RAÇA*), OS ANIMAIS SEM OSSOS CRESCERAM E SE TRANSFORMARAM: CONVERTERAM-SE EM ANIMAIS COM OSSOS, OS SEUS CHHÂYÂS SE SOLIDIFICARAM (*TAMBÉM*).

Os vertebrados e, depois, os mamíferos. Anteriormente, os animais eram também proto-organismos etéreos, tal como era o homem.

31. OS ANIMAIS FORAM OS PRIMEIROS A SEPARAR-SE (*EM MACHOS E FÊMEAS*). COMEÇARAM A PROCRIAR. O HOMEM DUPLO TAMBÉM SE SEPAROU (*ENTÃO*). ELE (*O HOMEM*) DISSE: "FAÇAMOS COMO ELES: UNAMO-NOS E PROCRIEMOS". ASSIM FIZERAM.

32. E OS QUE CARECIAM DE CENTELHA (*OS "CABEÇAS ESTREITAS"*) TOMARAM PARA SI ENORMES ANIMAIS FÊMEAS. COM ELAS PROCRIARAM RAÇAS MUDAS. ELES PRÓPRIOS (*OS "CABEÇAS ESTREITAS"*) ERAM MUDOS. MAS AS SUAS LÍNGUAS SE DESATARAM. AS LÍNGUAS DE SUA PROGÊNIE PERMANECERAM MUDAS. ELES GERARAM MONSTROS, UMA RAÇA DE MONSTROS ENCURVADOS E COBERTOS DE PELO VERMELHO, QUE ANDAVAM DE QUATRO PATAS. UMA RAÇA MUDA PARA SILENCIAR A SUA VERGONHA.

Os animais "foram os primeiros a separar-se", diz o *sloka* 31. Tenha-se em mente que naqueles tempos os homens eram diferentes – inclusive fisiologicamente – do que são hoje. Não se esclarece o que eram os "enormes animais fêmeas", mas, por certo, eram diferentes dos que hoje conhecemos, tanto quanto os homens de então em relação aos de nossos dias.

O Ocultismo repudia, portanto, a ideia de que a Natureza houvesse feito surgir o homem por descendência do macaco ou de antepassado comum a ambos; mas afirma que, pelo contrário, algumas das espécies mais antropoides provieram do homem da Terceira Sub-Raça lemuriana e do início do primeiro período atlante. Os animais – os que se arrastam e os que vivem nas águas e precederam ao homem na presente Quarta Ronda, como também os que foram contemporâneos da Terceira Raça, e até mesmo os mamíferos posteriores à Terceira e à Quarta Raça – são todos, fisicamente, e de maneira direta ou indireta, o produto mútuo e correlativo do homem. Está certo dizer que o homem deste *Manvantara*, isto é, das três Rondas precedentes, passou por todos os reinos da natureza: que foi "uma pedra, uma planta e um animal"; mas *(a)* essas pedras, essas plantas e esses animais eram os protótipos, os espécimes rudimentares dos da Quarta Ronda, e *(b)* até mesmo os do começo da Quarta Ronda eram as sombras astrais, como dizem os ocultistas, das pedras, plantas e animais de hoje. Além disso, nem as formas nem as espécies humanas, animais e vegetais eram o que mais tarde vieram a ser.

Estância IX

A EVOLUÇÃO FINAL DO HOMEM

[33. *Arrependem-se os criadores.* 34. *Eles expiam por sua negligência.* 35. *Os homens são dotados de mente.* 36. *A Quarta Raça desenvolve a linguagem perfeita.* 37. *Todas as unidades andróginas se separam, tornando-se bissexuais.*]

33. VENDO ISSO (*O PECADO COMETIDO COM OS ANIMAIS*), OS LHAS (*OS ESPÍRITOS, OS "FILHOS DA SABEDORIA"*) QUE NÃO HAVIAM CONSTRUÍDO HOMENS (*QUE SE HAVIAM NEGADO A CRIAR*) CHORARAM, DIZENDO:

34. "OS *AMÂNASAS* (*OS "SEM MENTE"*) MACULARAM NOSSAS FUTURAS CASAS. ISSO É CARMA. HABITEMOS AS OUTRAS. INSTRUAMO-LOS MELHOR, PARA EVITAR QUE ALGO DE PIOR ACONTEÇA." E ASSIM FIZERAM [...].

35. ENTÃO OS HOMENS FORAM TODOS DOTADOS DE MANAS (*MENTES*). VIRAM O PECADO DAQUELES QUE NÃO TINHAM MENTE.

Mas eles já haviam se *separado* antes que o raio da divina razão iluminasse as sombrias regiões de suas mentes até então adormecidas, e eles haviam *pecado*. Isto é, tinham inconscientemente cometido o mal, produzindo um efeito que não era natural. Contudo, da mesma forma que as outras seis raças irmãs primitivas, também essa sétima, desde então degenerada e condenada a esperar a hora de seu desenvolvimento final por causa do *pecado* cometido, deverá *encontrar-se, no último dia*, em um dos sete caminhos.

36. A QUARTA RAÇA DESENVOLVEU A LINGUAGEM.

Os Comentários explicam que a Primeira Raça, a dos Filhos etéreos ou astrais do Yoga, também chamados "Nascidos por si mesmos", carecia de linguagem, no sentido que damos a esse vocábulo, porque também carecia de mente em nosso plano. A Segunda Raça possuía uma "linguagem de sons", a saber: sons cantados, compostos unicamente de vogais. A Terceira Raça desenvolveu a princípio uma espécie de linguagem que não passava de um ligeiro progresso em relação aos diversos sons da Natureza, os gritos dos insetos gigantescos e dos primeiros animais, que apenas acabavam de aparecer na época dos "Nascidos do Suor", isto é, durante a Terceira Raça *primitiva*. Só em sua segunda metade, quando os "Nascidos do suor" produziram os "Nascidos do ovo" (ou seja, na Terceira Raça *intermédia*), é que a linguagem se desenvolveu. Não foi, porém, mais que uma tentativa.

A linguagem, conforme o ensinamento oculto, desenvolveu-se na seguinte ordem:

I. Fala monossilábica: a dos primeiros seres humanos já quase completamente evoluídos no fim da Terceira Raça-Raiz, homens "cor de ouro", de pele amarela, depois da separação em sexos e do pleno despertar de suas mentes. Antes disso, comunicavam-se entre si pelo que hoje se chamaria de "transferência de pensamento".

II. Essas características linguísticas originaram as línguas aglutinantes, faladas por algumas raças atlantes, enquanto outros antecessores da Quarta Raça preservaram a língua materna.

III. Língua flexional: a raiz do sânscrito, que foi a primeira língua da Quinta Raça, é hoje a dos mistérios dos Iniciados.

37. O UM (*ANDRÓGINO*) SE CONVERTEU EM DOIS; ASSIM TAMBÉM TODOS OS SERES VIVOS E RASTEJANTES QUE AINDA ERAM UNOS: SERPENTES COM CABEÇA DE ESCAMAS, AVES E PEIXES GIGANTES.

Relaciona-se isso, é evidente, com a chamada idade dos répteis e anfíbios, durante a qual nega a ciência que *o homem existisse*! Mas que podiam os antigos saber a respeito dos animais e monstros antediluvianos pré-históricos?

Estância X

A HISTÓRIA DA QUARTA RAÇA

[38. *O nascimento da Quarta Raça (a atlante). 39. As sub-raças da Quarta Humanidade começam a dividir-se e a mesclar-se entre si; formam as primeiras raças mistas de várias cores. 40. Superioridade dos atlantes sobre as outras raças. 41. Eles caem em pecado e engendram filhos e monstros. 42. Os primeiros germes do Antropomorfismo e da religião sexual. Eles perdem o "Terceiro Olho".*]

38. ASSIM DE DOIS A DOIS, NAS SETE ZONAS, A TERCEIRA (*RAÇA*) DEU ORIGEM À QUARTA. OS DEUSES PASSARAM A SER NÃO DEUSES (*OS SURAS PASSARAM A A-SURAS*).

Até este ponto da evolução, o homem pertence mais à natureza metafísica que à natureza física. Só depois da chamada QUEDA é que as raças começaram a desenvolver rápido a forma puramente humana.

"*Os Deuses passaram a ser não Deuses; os suras, a A-suras*", diz o texto; isto é, os Deuses transformaram-se em demônios, SATÃ, lendo-se ao pé da letra. Mas agora vamos mostrar, pelo ensinamento da Doutrina Secreta, que Satã representa, alegoricamente, o Bem e o Sacrifício, um Deus da Sabedoria, com diferentes nomes.

Depois que a Terra foi preparada pelas potências *inferiores* e mais materiais, e que os seus três Reinos principiaram a cumprir a sua missão de "frutificar e multiplicar", as potências superiores, Arcanjos ou *Dhyânis*, foram obrigadas pela Lei de evolução a descer à Terra, para realizarem a tarefa que seria o coroamento da evolução: a construção do HOMEM. Para tanto, os "Criados por si mesmos" e os "Existentes por si mesmos" projetaram suas pálidas sombras, mas o Terceiro grupo – os Anjos do Fogo – *se rebelou, recusando-se a* unir-se aos outros *Devas*, seus companheiros.

Os "Rebeldes" não queriam criar homens sem vontade e irresponsáveis, como fizeram os anjos "obedientes", e não podiam tampouco dotar os seres humanos apenas com os reflexos transitórios de seus próprios atributos. Se o homem tivesse permanecido como a pálida sombra da perfeição – inerte, imóvel e imutável –, estaria condenado a passar pela vida na Terra como se estivesse em um profundo sono sem sonhos; o que neste plano representaria certamente um malogro.

Eis aí por que a tradição nos mostra os *yogues* celestes oferecendo-se como vítimas voluntárias para redimir a Humanidade e dotá-la de aspirações e afetos humanos. No cumprimento dessa missão, tinham de abandonar seu estado natural, descer ao nosso globo e aqui permanecer durante todo o ciclo de *Mahâyuga*, trocando assim as individualidades impessoais por personalidades individuais; a bem-aventurança da existência sideral pela maldição da vida terrena. Esse sacrifício voluntário dos Anjos do Fogo, cuja natureza era *Sabedoria* e *Amor*, foi transformado pelas teologias exotéricas em uma história que mostra "os anjos rebeldes precipitados do céu nas trevas do Inferno" – a nossa Terra.

39. A PRIMEIRA (*RAÇA*), EM TODAS AS ZONAS, ERA DA COR DA LUA (*AMARELO-CLARA*); A SEGUNDA, AMARELA COMO O OURO; A TERCEIRA, VERMELHA; A QUARTA, MORENA, TORNANDO-SE NEGRA PELO PECADO.[1] OS SETE PRIMEI-

---

[1] Estritamente falando, não é senão a partir dos atlantes, raça de gigantes morenos e amarelos, que se pode fazer referência ao HOMEM, pois só a Quarta Raça foi a primeira *espécie completamente humana*, sem embargo de possuir uma estatura muito maior que a nossa de hoje.

ROS RAMOS (HUMANOS) ERAM TODOS DA MESMA COR, NO PRINCÍPIO. OS SEGUINTES (SETE, AS SUB-RAÇAS) COMEÇARAM A MESCLAR-SE.

Naturalmente é impossível, ainda que à tarefa fossem consagrados vários volumes, intentar uma exposição seguida e minuciosa da evolução e do progresso das três primeiras raças. A primeira raça não tem história própria. O mesmo se pode dizer da segunda raça. Limitamo-nos, portanto, a estudar atentamente os lemurianos e os atlantes, antes de podermos ocupar-nos da história de nossa própria raça (a Quinta).

40. ENTÃO A TERCEIRA E A QUARTA (RAÇAS) CRESCERAM EM ORGULHO. "SOMOS OS REIS", DISSERAM; "SOMOS OS DEUSES".

No alvorecer de sua consciência, o homem da Terceira Raça-Raiz não tinha, portanto, crenças a que se pudesse dar o nome de *religião*. Aqueles tempos remotíssimos eram denominados a "Idade de Ouro", a idade em que "os deuses andavam pela Terra e se misturavam livremente aos mortais". Quando chegou ao fim, os deuses se retiraram – isto é, ficaram invisíveis – e as gerações posteriores terminaram por cultuar os seus reinos: os Elementos.

41. TOMARAM ESPOSAS DE APARÊNCIA FORMOSA. ESPOSAS ESCOLHIDAS ENTRE OS "SEM MENTE", OS CABEÇAS ESTREITAS. PROCRIARAM MONSTROS, DEMÔNIOS PERVERSOS, MACHOS E FÊMEAS, E TAMBÉM KHADOS (*DÂKINI*), DE MENTE LIMITADA.

Com a Quarta Raça, chegamos ao período propriamente humano. Os que até então eram Seres semidivinos, aprisionados em corpos que só tinham de humanos a aparência, passaram por uma transformação fisiológica e tomaram como esposas mulheres formosas verdadeiramente humanas, nas quais, porém, haviam encarnado seres *inferiores e mais materiais* (ainda que celestes).

42. EDIFICARAM TEMPLOS PARA O CORPO HUMANO. ADORARAM O VARÃO E A FÊMEA. ENTÃO O TERCEIRO OLHO DEIXOU DE FUNCIONAR.

Esse é o início de um culto que estava, com o tempo, condenado a degenerar em falicismo e culto sexual. Começou pelo culto do corpo humano e terminou pelo dos respectivos sexos.

No princípio, todas as classes e famílias das espécies viventes eram hermafroditas e dotadas, objetivamente, de um só olho. No animal – cuja forma era tão etérea (astralmente) quanto a do homem, antes que os corpos de ambos começassem a desenvolver suas vestimentas de pele, isto é, a desenvolver *de dentro para fora* o denso revestimento de matéria ou substância física, com o seu mecanismo fisiológico interno –, o terceiro olho foi, primitivamente, tal como no homem, o único órgão da visão. Os dois olhos físicos frontais só mais tarde se desenvolveram, tanto nos animais quanto no homem, cujo órgão visual físico acusava, no começo da Terceira Raça, a mesma posição que em alguns vertebrados cegos de hoje, isto é, debaixo de uma pele opaca. Só que os estágios de desenvolvimento do olho *singular* ou primitivo, nos homens e nos animais , estão agora invertidos, visto que o homem já ultrapassou, na Terceira Ronda, a fase *não racional*, estando atualmente em relação à criação estritamente animal, adiantado de todo um plano de consciência. Por isso, enquanto o olho "ciclopiano" era e ainda *é*, no homem, o órgão da visão *espiritual*, no animal era o da visão objetiva. E depois, havendo esse olho cumprido a sua função, foi substituído, no curso da evolução física do simples ao complexo, por dois olhos, e assim posto de lado e preservado pela natureza para novo uso em eras futuras. Este olho espiritual hoje no homem, é o que chamamos de glândula pineal, desenvolvido em pessoas que possuem dons de clarividência.

Estância XI

A CIVILIZAÇÃO E A DESTRUIÇÃO DAS RAÇAS TERCEIRA E QUARTA

[43. *Os lêmuro-atlantes constroem cidades e estendem a civilização. Início do antropomorfismo.* 44. *Estátuas que testemunham o tamanho dos lêmuro-atlantes.* 45. *Destruição da Lemúria pelo fogo e da Atlântida pela água. O Dilúvio.* 46. *Destruição da Quarta Raça e dos últimos animais-monstros antediluvianos.*]

43. ELES (*OS LEMURIANOS*) CONSTRUÍRAM CIDADES COLOSSAIS. COM TERRAS E METAIS RAROS ELES CONSTRUÍAM. COM OS FOGOS (*LAVA*) EXPELIDOS, COM A PEDRA BRANCA DAS MONTANHAS (*MÁRMORE*) E A PEDRA NEGRA (*DOS FOGOS SUBTERRÂNEOS*), TALHAVAM SUAS PRÓPRIAS IMAGENS EM TAMANHO NATURAL E À SUA SEMELHANÇA, E AS ADORAVAM.

Neste ponto, prosseguindo com a História das duas primeiras raças realmente humanas como entendemos a palavra – a última dos lemurianos e a primeira dos futuros atlantes –, temos que juntar as duas e tratar de ambas coletivamente por algum tempo.

Já estavam os lemurianos em sua sexta sub-raça, construindo com pedras e lava suas primeiras cidades rochosas. Uma dessas grandes cidades de estrutura primitiva foi toda construída de lava, a umas trinta milhas a oeste do local em que agora a ilha de Páscoa estende sua estreita faixa de solo estéril, uma cidade que foi destruída completamente por uma série de erupções vulcânicas.

Vieram depois os atlantes, os gigantes cuja força e beleza física alcançaram seu apogeu, de acordo com a lei de evolução, mais ou menos no período médio de sua quarta sub-raça.

44. ELES (*OS ATLANTES*) ERGUERAM GRANDES IMAGENS DE NOVE YATIS (82 METROS) DE ALTURA: O TAMANHO DE SEUS CORPOS. FOGOS INTERNOS HAVIAM DESTRUÍDO A TERRA DE SEUS PAIS (*OS LEMURIANOS*). A ÁGUA AMEAÇAVA A QUARTA (*RAÇA*).

Dizem-nos que, após a destruição da "Lemúria" pelos fogos subterrâneos, os homens foram decrescendo constantemente em estatura – processo que já havia começado com a sua QUEDA *física* – e que finalmente, alguns milhões de anos depois, diminuíram para dois metros e vinte em média.

A *parte atlântica da Lemúria* foi a base geológica do que é geralmente conhecido por Atlântida, mas que se deve antes considerar como um desenvolvimento da continuação atlântica da Lemúria, e não como uma massa de terra inteiramente nova, desenvolvida para atender às exigências especiais da Quarta Raça-Raiz. O que ocorre com as sucessivas mudanças e os ajustamentos das massas continentais é análogo ao que acontece com a evolução das Raças: não se pode traçar uma linha demarcatória bem definida entre o término de uma antiga ordem de coisas e o começo de outra. A continuidade dos processos naturais não se interrompe nunca. Assim, a Quarta Raça atlante se desenvolveu de um núcleo de Homens da Terceira Raça da Lemúria Setentrional, concentrado em um ponto situado mais ou menos onde fica atualmente o meio do oceano Atlântico. Seu continente formou-se pela união de muitas ilhas e penínsulas que se ergueram acima das águas no transcurso normal dos séculos *para finalmente se converterem na verdadeira morada da grande Raça conhecida como atlante.*

45. AS PRIMEIRAS GRANDES ÁGUAS VIERAM. ELAS SUBMERGIRAM AS SETE GRANDES ILHAS.

Os ensinamentos secretos indicam que o "Dilúvio" atingiu a Quarta Raça gigante, não por causa de sua perversidade, nem porque tivesse se tornado "negra pelo pecado", mas simplesmente porque esse é o destino de todos os continentes, que, como todas as coisas debaixo do Sol, nascem, vivem, chegam à decrepitude e morrem. Isso ocorreu quando a Quinta Raça estava em sua infância.

46. SALVOS TODOS OS JUSTOS; DESTRUÍDOS OS ÍMPIOS. COM ESSES ÚLTIMOS PERECEU A MAIOR PARTE DOS ENORMES ANIMAIS PRODUZIDOS PELO SUOR DA TERRA.

Assim pereceram os gigantes, os magos e os feiticeiros, acrescenta a fantasia da tradição popular, mas "todos os justos foram salvos" e só "os ímpios foram destruídos". Tal circunstância deveu-se, ao mesmo tempo, à *previsão* dos "justos", que não haviam perdido o uso do seu "terceiro olho", e ao Carma e à lei natural.

Estância XII

A QUINTA RAÇA E SEUS INSTRUTORES DIVINOS

[47. *Os restos das duas primeiras raças desaparecem para sempre. Salvos do Dilúvio grupos das diversas raças atlantes, juntamente com os antepassados da Quinta. 48. Origem da nossa Raça atual, a Quinta. As primeiras Dinastias divinas. 49. Os primeiros vislumbres da História são hoje associados à cronologia alegórica da Bíblia, e a História "universal" a segue servilmente. Natureza dos primeiros instrutores e civilizadores da humanidade.*]

47. POUCOS (*HOMENS*) FICARAM. ALGUNS AMARELOS, ALGUNS MORENOS E NEGROS, E ALGUNS VERMELHOS FICARAM. OS QUE TINHAM A COR DA LUA (*OS DO TRONCO DIVINO PRIMITIVO*) DESAPARECERAM PARA SEMPRE [...].

A história, ou o que assim é denominado, não vai além das origens fantásticas da nossa quinta sub-raça, "há alguns milhares" de anos. A frase: "Alguns amarelos, alguns morenos e negros, e alguns vermelhos ficaram" refere-se às subdivisões da primeira sub-raça da Quinta Raça-Raiz.

48. A QUINTA RAÇA, PROCEDENTE DO TRONCO SANTO, (*FICOU*); ELA FOI GOVERNADA PELOS PRIMEIROS REIS DIVINOS.

49. AS SERPENTES QUE VOLTARAM A DESCER, QUE FIZERAM AS PAZES COM A QUINTA (*RAÇA*), QUE A ENSINARAM E INSTRUÍRAM.

Ora, a nossa Quinta Raça-Raiz já tem de existência – como raça *sui generis* e de todo independente de seu tronco – cerca de 1 milhão de anos. Ora, a filosofia oculta ensina que, até mesmo atualmente, sob as nossas próprias vistas, a nova Raça e as novas Raças estão em via de formação, devendo a transformação ocorrer na América, onde já se iniciou silenciosamente.

Assim, no período de três séculos apenas, os americanos se tornaram uma "raça primária", antes de se converterem em uma raça à parte, fortemente diferenciada de todas as demais raças que atualmente existem. São eles, em uma palavra, os germes da *Sexta* sub-raça, e daqui a algumas centenas de anos serão certamente os vanguardeiros daquela raça que há de suceder, com todas as suas novas características, à raça europeia de hoje, a quinta sub-raça. Depois disso, dentro de uns 25 mil anos, começarão a preparar a sétima sub-raça; até que a Sexta Raça-Raiz faça sua aparição no cenário de nossa Ronda, em seguida a cataclismos, cuja primeira série deverá um dia destruir a Europa e, mais tarde, toda a raça ariana[1] (alcançando assim as duas Américas), bem como a maior parte das terras diretamente ligadas às extremidades dos nossos continentes e de nossas ilhas.

---

[1] [Quando Mme. Blavatsky usou o termo "ariano", ele ainda não havia se revestido das nuances raciais e políticas que tem hoje. "Ariano" era a designação que se dava aos antigos indianos, habitantes da Aryavarta, a terra dos árias, os nobres. É possível que, nessa ideia, ela tenha sido influenciada por sua associação, na Índia, com o Swami Dayanand Saraswati, cujo movimento de reforma hindu, o Arya Samaj, teve início no mesmo ano em que foi criada a Sociedade Teosófica, 1875. O termo posteriormente passou a denotar a humanidade de hoje, independentemente de raça, credo, casta, sexo ou cor.]

PARTE TRÊS

A LINGUAGEM DO MISTÉRIO DOS INICIADOS

Capítulo 1

SIMBOLISMO E IDEOGRAFIA

A maior parte da vida de quem escreve estas linhas foi ocupada com o estudo da significação oculta das lendas religiosas e profanas de vários países, grandes ou pequenos, e especialmente das tradições do Oriente. A autora está entre os que se acham convencidos de que nenhuma narrativa mitológica, nenhum acontecimento tradicional das lendas de um povo, em qualquer época, representou simples ficção, mas possui – cada uma – um fundo histórico verdadeiro. Diverge, assim, daqueles mitólogos – por maior que seja a sua reputação – que não veem em cada mito senão mais provas da tendência supersticiosa dos antigos e que julgam que todas as mitologias tiveram origem e se basearam em *mitos solares*. O poeta e egiptólogo Gerald Massey, em uma conferência sobre "Luniolatria antiga e moderna", situou em traços admiráveis esses pensadores superficiais no seu devido lugar.

> A mitologia era um modo primitivo de *objetivar* o pensamento antigo. Baseava-se em fatos naturais, e ainda hoje se verifica nos fenômenos. Nada tem de insano nem de irracional, se considerada à luz da evolução e quando de todo compreendido o seu modo de expressar por meio de signos [...]. Por exemplo, quando os egípcios representavam a lua como um *Gato*, não eram tão ignorantes para

supor que a lua fosse um gato; nem a sua fantasia divagava a ponto de ver semelhança entre a lua e um gato; nem tampouco era o mito gato *simples desenvolvimento de metáfora verbal*; nem havia por parte deles a intenção de propor enigmas [...]. Haviam simplesmente observado que o gato enxergava no escuro, e que os seus olhos aumentavam e se tornavam mais brilhantes durante a noite. A lua, à noite, era o *vidente* dos céus, e o gato era o seu equivalente na Terra; e assim foi o gato adotado como um signo natural e representativo, uma pintura viva do globo lunar.[1]

Eis aí uma representação bastante correta do mito lunar, do seu aspecto astronômico. Contudo, a selenografia é a menos esotérica das divisões da Simbologia lunar. Para dominar a *Selenognose* – se nos permitem o neologismo – é preciso conhecer a fundo algo mais que o seu significado astronômico. A lua está intimamente relacionada com a Terra e mais diretamente ainda com todos os mistérios do nosso globo do que até mesmo Vênus-Lúcifer, irmã oculta e *alter ego* da Terra.

As infatigáveis investigações dos mitólogos ocidentais, notadamente dos alemães, durante o último século e no atual, fizeram todas as pessoas livres de preconceitos verem, inclusive obviamente os ocul-

---

[1] [*Luniolatry; ancient and modern* (Londres: s.d., 1-2), de Thomas Gerald Massey (1828-1907). Poeta de renome em sua época, Massey é hoje lembrado por seus estudos sobre mitos e símbolos, particularmente os do antigo Egito. Em 1881 ele publicou *A Book of Beginnings*, os dois primeiros volumes de "uma tentativa de recuperar e reconstituir as origens perdidas dos mitos e mistérios, tipos e símbolos, religião e linguagem, tendo o Egito como porta-voz e a África como berço". Dois outros volumes de mil páginas, *The Natural Genesis*, foram publicados em 1883. A esses livros seguiram-se turnês de palestras ao longo da década de 1880, nas quais ele continuou desenvolvendo suas ideias. *Luniolatry*, citada por Mme. Blavatsky, foi uma dessas palestras. Outras intitularam-se *The Historical Jesus and the Mythical Christ*, *Paul the Gnostic Opponent of Peter*, *The Hebrew and Other Creations Fundamentally Explained*. Um mês antes de sua morte, em outubro de 1907, ele viu a publicação de seu último livro, *Ancient Egypt: The Light of the World*. Mme. Blavatsky citou-o em vários trechos de seus escritos, referindo-se à sua obra como "uma corroboração de nossos ensinamentos esotéricos" (Blavatsky para Massey, 2 de novembro de 1887).]

tistas, que sem o auxílio da simbologia (com suas sete divisões, completamente desconhecidas dos modernos) nenhuma das antigas escrituras pode ser entendida no seu exato sentido. Importa que o simbolismo seja estudado em cada um de seus aspectos, porque cada povo tinha o seu método peculiar de expressão. Em uma palavra, nenhum papiro egípcio, nenhuma ola indiana, nenhum tijolo assírio ou manuscrito hebreu deve ser lido e aceito *literalmente*.

Conforme o demonstrou o sábio maçom e teósofo Kenneth Mackenzie em sua *Royal Masonic Cyclopaedia*, há uma grande diferença entre *emblema* e *símbolo*. Emblema "compreende uma série de pensamentos maior que o símbolo, o qual se deve antes considerar como destinado a ilustrar uma só ideia especial". Daí resulta que os símbolos – lunares ou solares, por exemplo – de vários países, representando cada qual uma ideia ou uma série de ideias especiais, formam coletivamente um emblema esotérico. Um símbolo esotérico pode ser "uma pintura ou um signo concreto visível, que representa princípios, ou uma série de princípios, *compreensíveis para aqueles que receberam certas instruções*" (iniciados).[2] Para dizer ainda com maior clareza, um emblema se compõe *geralmente de uma série de pinturas gráficas*, consideradas e explicadas alegoricamente, que desenvolve uma ideia em vistas panorâmicas, apresentadas umas depois das outras. Assim, os *Purânas* são emblemas escritos. Igualmente o são os dois *Testamentos*, o Antigo ou Mosaico e o Novo ou Cristão, ou a *Bíblia*, e todas as demais escrituras exotéricas.

---

[2] [Verbete "Emblem" da *Royal Masonic Cyclopaedia* (Londres, 1877, 198), de Kenneth R. H. Mackenzie (1833-1886). Obra de grande envergadura e com quase 800 páginas, a *Cyclopaedia* de Mackenzie continha verbetes não só sobre os graus regulares da maçonaria, mas também sobre muitos dos ritos obscuros considerados marginais. Debruçava-se sobre a explicação de temas herméticos e ocultos, como a Cabala (dezessete páginas, além de diagramas da Árvore da Vida), a Goetia, os templários e o rosacrucianismo. Mackenzie, que tinha paixão por esses temas, foi um dos poucos ingleses que visitaram o mago francês Eliphas Lévi. Alguns afirmam que o assim chamado Manuscrito Cifrado que deu origem à Ordem Hermética da Aurora Dourada encontrava-se entre os seus papéis.]

As provas que são apresentadas, confirmando os antigos ensinamentos, se encontram amplamente disseminadas em todas as escrituras das civilizações da Antiguidade. Os *Purânas*, o *Zend Avesta* e os clássicos antigos estão repletos desses fatos, mas ninguém se deu ao trabalho de reuni-los e compará-los entre si. A razão é que todos esses fatos foram registrados simbolicamente; e os espíritos mais profundos e perspicazes entre os nossos arianistas e egiptólogos deixaram-se cegar muitas vezes por suas ideias preconcebidas e, ainda com mais frequência, por pontos de vista parciais do significado secreto. No entanto, até uma parábola é um símbolo falado: uma ficção ou uma fábula, dizem alguns; uma representação alegórica de realidades, acontecimentos e fatos da vida, dizemos nós. E assim como de uma parábola se deduz um preceito moral, sendo essa moral um fato real da vida humana, do mesmo modo se deduzia um fato histórico e verdadeiro (para aqueles que eram versados nas ciências hieráticas) de certos emblemas e símbolos registrados nos antigos anais dos templos.

A história religiosa e esotérica de cada povo se achava entranhada nos símbolos; nunca era expressa em muitas palavras. Todos os pensamentos e as emoções, todo o conhecimento e o saber, adquiridos pelas primeiras raças ou a elas revelados, encontravam sua expressão pictórica na alegoria e na parábola. Por quê? Porque *a palavra articulada tem um poder não só desconhecido, mas insuspeitado e até desacreditado* pelos "sábios" modernos. Porque o som e o ritmo estão estreitamente associados aos quatro Elementos dos antigos; e porque uma vibração ou outra no ar deve inevitavelmente despertar os poderes correspondentes, e a união com eles produz resultados bons ou maus, conforme o caso. Nunca foi permitido a nenhum estudante recitar narrativas de fatos históricos, religiosos ou reais com palavras que claramente os determinassem, para evitar que de novo fossem evocados os poderes relacionados a tais acontecimentos. Esses só eram contados durante a Iniciação, e cada estudante devia convertê-los em símbolos que lhes correspondessem, elaborados em sua própria mente e mais tarde submetidos ao exame do mestre, antes de serem aceitos definitivamente.

Àquele que prestou o maior serviço à interpretação esotérica do simbolismo por ter descoberto a chave mestra da antiga simbologia hebraica, tão intimamente ligada à metrologia – uma das chaves da linguagem do mistério, outrora universal –, devemos fazer os devidos agradecimentos. Falo de J. Ralston Skinner, de Cincinnati, autor de *Key to the Hebrew-Egyptian Mystery in the Source of Measures*. Místico e cabalista por natureza, ele trabalhou durante muitos anos nesse sentido, e os seus esforços foram coroados efetivamente de grande êxito. Em suas próprias palavras:

> O autor está plenamente convencido de que existiu uma linguagem antiga, que parece haver desaparecido para os tempos modernos, até o presente, mas de que restam ainda numerosos vestígios [...]. A singularidade dessa linguagem era que podia estar escondida em outra, não sendo percebida senão com a ajuda de certas instruções; as letras e os signos silábicos possuíam, ao mesmo tempo, os poderes ou as significações dos números, das figuras geométricas, das pinturas ou ideografias e dos símbolos, sendo seu objetivo determinado e especificado por meio de parábolas, na forma de narrativas completas ou parciais, mas também podendo ser exposto separada ou independentemente, e de vários modos, por meio de pinturas, obras de pedra e construções de terra.
>
> Para esclarecer o que pode haver de ambíguo no termo linguagem, direi: primeiro, que essa palavra significa a expressão falada das ideias e, segundo, que pode significar a expressão de ideias por qualquer outro meio. Aquela antiga linguagem é composta de tal modo no texto hebraico que, empregando-se os caracteres escritos,

cuja pronúncia forma a linguagem definida em primeiro lugar, se pode intencionalmente comunicar uma série de ideias muito diferentes das que se expressam com a leitura dos signos fonéticos. A segunda linguagem exprime veladamente séries de ideias, cópias mentais de coisas sensíveis, que podiam ser desenhadas, e de coisas que, não sendo sensíveis, podiam classificar-se como reais; do mesmo modo, por exemplo, que o número 9 pode ser tomado como uma realidade, embora não tenha existência sensível, e que uma revolução da lua, considerada como algo à parte dessa mesma lua que fez a revolução, pode ser tida como a origem e a causa de uma ideia real, apesar de não possuir tal revolução nenhuma substância.[3]

Tudo isso pode constar da experiência do PASSADO, e esses estranhos anais permanecem ocultos na "linguagem do mistério" das eras pré-históricas, a linguagem a que hoje se dá o nome de SIMBOLISMO.

---

[3] [Manuscrito inédito de James Ralston Skinner (1830-1893). Esse manuscrito, guardado nos arquivos da Sociedade Teosófica, em Adyar, na Índia, suplementa a obra citada de Skinner, *Key to the Hebrew-Egyptian Mystery in the Source of Measures* (Cincinnati, 1875), e dá continuidade à sua pesquisa da origem e do sentido do sistema britânico de medidas e sua relação numérica com as letras do hebraico. Graças à correspondência trocada e à admiração que tinha pela obra de Mme. Blavatsky, Skinner enviou-lhe o manuscrito de 385 páginas, no início de 1887, para comentários. Além de *Source of Measures*, Skinner, um maçom de Cincinnati dotado de grande interesse pela matemática, publicou inúmeras monografias sobre sua associação do sentido do sistema britânico de medidas, especialmente a polegada, à sobrevivência de uma antiga forma.]

Capítulo 2

A LINGUAGEM DO MISTÉRIO E SUAS CHAVES

Descobertas recentes, feitas por matemáticos e cabalistas eminentes, provam, sem haver lugar para dúvidas, que todas as teologias, da primeira até a última, provieram não só de uma fonte comum de crenças abstratas, mas de uma linguagem esotérica universal, ou linguagem do "Mistério". Estando esses sábios de posse da chave da antiga linguagem universal, usaram-na com êxito, ainda que *só uma vez*, para abrir a porta hermeticamente fechada que conduz ao Vestíbulo dos Mistérios. O grande sistema arcaico, conhecido desde os tempos pré-históricos como a sagrada Ciência da Sabedoria, sistema que existe em todas as religiões, tanto nas antigas como nas modernas, em que os seus traços podem ser identificados, possuía e ainda possui a sua linguagem universal – a língua dos Hierofantes –, que compreende sete "dialetos", por assim dizer, cada um dos quais tratando daquele, dentre os sete mistérios da Natureza, a que é especialmente apropriado. Cada dialeto tinha o seu simbolismo peculiar. Podia-se, desse modo, decifrar a Natureza em sua plenitude ou em um de seus aspectos particulares.

A prova está em que, até o presente, os orientalistas em geral e os egiptólogos e estudiosos da tradição hindu em especial, experimentam grande dificuldade para interpretar os escritos alegóricos dos ários e os anais hieráticos do Egito. Isso acontece porque eles insistem em não admitir que todos os anais antigos foram escritos em uma língua que era universal e conhecida igualmente por todas as nações nos dias da Antiguidade, mas que hoje só é inteligível para uma pequena minoria. Assim como os algarismos arábicos, que todos os homens entendem, seja qual for a sua nacionalidade, ou assim como a palavra inglesa *and*, que se transmuda em *et* para os franceses, *und* para os alemães e assim por diante, mas que pode ser expressa em todas as nações civilizadas pelo signo &; da mesma forma, todas as palavras da linguagem do mistério possuíam igual significação para o mundo inteiro.

As diversas facetas da linguagem do mistério conduziram à adoção de uma grande variedade de ritos e dogmas na parte exotérica do ritualismo da Igreja. A essas facetas remonta, mais uma vez, a origem da maior parte dos dogmas da Igreja Cristã, como os sete Sacramentos, a Trindade, a Ressurreição, os sete Pecados Capitais e as sete Virtudes. Entretanto, como as sete chaves da língua do mistério estão sempre em custódia dos mais altos Hierofantes Iniciados da Antiguidade, só o uso parcial de algumas delas passou às mãos da nova seita dos nazarenos, em consequência da traição de alguns dos primeiros padres da Igreja, ex-iniciados dos Templos. Alguns dos primeiros papas eram Iniciados, mas os últimos fragmentos do seu saber caíram em poder dos jesuítas, que os transformaram em um sistema de feitiçaria.

Afirma-se que a Índia (não a dos limites atuais, mas compreendendo suas antigas fronteiras) é o único país do mundo que ainda conta, entre seus filhos, com adeptos que possuem o conhecimento de todos os sete *subsistemas* e a chave do sistema completo. Desde a queda de Mênfis, o Egito começou a perder as suas chaves, uma após a outra, e a Caldeia não possuía mais de três na época de Berose.[1] Quanto aos

---

[1] [As datas relativas a Berose são incertas. A data sugerida para o livro pelo qual ele é lembrado, *História da Babilônia*, gira em torno de 290 a.C. Nessa obra, escrita em grego, Berose, um sacerdote da Babilônia, apresenta o relato da criação segundo os templos. Uma boa parte desse texto continha a crônica dos antigos reis que haviam governado o país. O livro, que não chegou a nós, foi conhecido basicamente por meio de citações de seu texto presentes nos escritos dos primeiros padres da Igreja.]

hebreus, não demonstram em todos os seus escritos senão um conhecimento completo dos sistemas astronômico, geométrico e numérico, que eles utilizavam para simbolizar as funções humanas e especialmente as *fisiológicas*. Nunca possuíram as chaves superiores.

O sistema judaico de medidas sagradas, aplicado aos símbolos religiosos, é o mesmo da Caldeia, da Grécia e do Egito, no que se refere às combinações geométricas e numéricas, porquanto foi adotado pelos israelitas durante os séculos de escravidão e cativeiro naquelas nações. Que sistema era esse? O autor de *Source of Measures* acredita que "os Livros Mosaicos tinham por objetivo, usando uma linguagem artificial, estabelecer um sistema geométrico e numérico de ciência exata, que devia servir como origem das medidas". Alguns eruditos julgam que esse sistema e essas medidas sejam idênticos aos que foram empregados na construção da Grande Pirâmide, o que só em parte é verdade.

Era nesses "conhecimentos" que se baseava todo o programa dos MISTÉRIOS e da série de Iniciações. Daí decorre a construção da Grande Pirâmide, registro permanente e símbolo indestrutível dos Mistérios e das Iniciações da Terra, como o é nos Céus a trajetória das estrelas. O ciclo da Iniciação era uma reprodução em miniatura daquela grande série de transformações Cósmicas a que os astrônomos deram o nome de ano tropical ou sideral. Assim como, no fim do ciclo do ano sideral (25.868 anos), os corpos celestes voltam às mesmas posições relativas que ocupavam no início, da mesma forma, ao terminar o ciclo da Iniciação, o homem interior readquire o primitivo estado de pureza e conhecimento divino de onde partiu ao empreender o seu ciclo de encarnações terrestres.

Moisés, Iniciado na Mistagogia egípcia, baseou os mistérios religiosos da nova nação que fundou sobre a mesma fórmula abstrata derivada daquele ciclo sideral, que simbolizou na forma e nas medidas do tabernáculo por ele construído no deserto, conforme se supõe. Com esses dados, os grão-sacerdotes judeus prepararam, posteriormente, a alegoria do Templo de Salomão – construção esta que nunca teve existência real, como também o próprio Rei Salomão, que não é senão um mito solar, idêntico ao de Hiram Abif dos maçons. Portanto, se as medidas desse templo alegórico, símbolo do ciclo da Iniciação, coincidem com as da Grande Pirâmide, é porque derivaram dessas últimas, por intermédio do Tabernáculo de Moisés.

Cada religião antiga não é mais que um ou dois capítulos do volume completo dos primitivos mistérios arcaicos; só o *Ocultismo* oriental pode vangloriar-se de estar na posse integral do segredo, com suas *sete* chaves. Na presente obra serão feitas comparações e apresentadas as explicações que forem possíveis; quanto ao resto, será deixado à intuição pessoal do estudante. Ao dizer que o *Ocultismo oriental detém o segredo,* não pretende a autora dizer que ela possua o conhecimento "completo", nem mesmo aproximado, porque seria absurdo. O que sabemos, nós o expomos; o que não podemos explicar cumpre ao estudante descobri-lo por si mesmo.

Mas embora se possa supor que todo o ciclo da linguagem do mistério universal não seja ainda conhecido durante os próximos séculos, basta o que já foi descoberto na *Bíblia* por alguns estudiosos para comprovar matematicamente a existência dessa linguagem. Como o judaísmo se utilizava de duas das sete chaves, e essas duas foram agora redescobertas, já não se trata mais de especulações ou de hipóteses individuais, nem muito menos de "coincidência", senão de uma interpretação correta dos textos da *Bíblia*, do mesmo modo que uma pessoa versada em aritmética lê e verifica uma adição ou um total. Mais alguns anos, e esse sistema eliminará a interpretação literal da *Bíblia*, assim como de todas as demais crenças exotéricas, mostrando os dogmas à sua verdadeira luz.

Então aquele inegável significado, por mais incompleto que esteja, desvendará o mistério do Ser e, ao mesmo tempo, mudará totalmente os modernos sistemas científicos da Antropologia, da Etnologia e, sobretudo, da Cronologia. O elemento fálico que se encontra em todos os nomes de Deus e nas narrativas do Antigo Testamento (e, em parte, do Novo Testamento) poderá também, com o tempo, modificar muito as modernas teorias materialistas da Biologia e da Fisiologia.

Livres da crueza rude com que hoje são apresentadas, tais visões da natureza e do homem, pela autoridade dos corpos celestes e de seus mistérios, retirarão o véu que encobre as evoluções da mente humana e deixarão ver quão natural era semelhante linha de raciocínio. Os chamados símbolos fálicos só parecem ofensivos por causa do elemento material e animal que há neles. Como provêm das raças arcaicas – as quais, sabendo-se descendentes de antepassados andróginos, foram, em seu próprio ver, as primeiras manifestações fenomênicas da separação dos sexos do subsequente mistério da criação, por sua vez –, esses símbolos eram perfeitamente naturais.

Tudo isso, a despeito do elemento exotérico tal como hoje se vê dos dois Testamentos, é mais que suficiente para classificar a *Bíblia* entre as obras esotéricas e associar o seu sistema secreto ao do simbolismo indiano, caldeu e egípcio. Todos os símbolos e números bíblicos sugeridos por observações astronômicas – pois a astronomia e a teologia são estreitamente relacionadas – se encontram nos sistemas indianos, tanto exotéricos como esotéricos. Esses números e seus símbolos, os signos do zodíaco, os planetas, seus aspectos e nodos são conhecidos em astronomia como *sextis, quartis* etc., tendo sido usados pelos povos arcaicos durante séculos e séculos; em certo sentido, sua significação é a mesma dos algarismos hebraicos. As primeiras formas da geometria elementar foram, sem dúvida, sugeridas pela observação dos corpos celestes e seus agrupamentos. É por isso que os símbolos mais antigos do esoterismo oriental são o círculo, o ponto, o triângulo, o plano, o quadrado, o pentágono e o hexágono, além de figuras planas de vários lados e ângulos – o que prova que o conhecimento e o uso da simbologia geométrica são tão antigos quanto o mundo.

Partindo dessa base, é fácil compreender como a natureza, mesmo sem o auxílio de seus instrutores divinos, pôde ensinar à humanidade primitiva os primeiros princípios de uma linguagem de símbolos, numérica e geométrica. Daí o fato de vermos o emprego de números e figuras para exprimir e registrar o pensamento em todas as escrituras simbólicas arcaicas. Os símbolos são sempre os mesmos, salvo certas variações resultantes das primeiras figuras. Assim, a evolução e a correlação dos mistérios do Kosmos, do seu crescimento e desenvolvimento – espiritual e físico, abstrato e concreto –, foram a princípio registrados em modificações da forma geométrica. Toda Cosmogonia começou com um círculo, um ponto, um triângulo e um quadrado, até o número 9, depois sintetizado pela primeira linha e o círculo, a *Década* mística de Pitágoras, a soma de tudo, que continha e exprimia os mistérios de todo o Kosmos, mistérios registrados com exatidão cem vezes maior no sistema indiano para todo aquele que pode entender sua linguagem mística. Os números 3 e 4, com a sua soma de 7, assim como os números 5, 6, 9 e 10, são as pedras angulares das Cosmogonias Ocultas. A década, com suas mil combinações, se encontra em todas as partes do globo. Pode ser encontrada nas grutas e nos templos cavados na rocha do Indostão e da Ásia Central, nas pirâmides e nos monólitos do Egito e da América; nas catacumbas de Ozymandias, nos baluartes das fortalezas coroadas de neve do Cáucaso, nas ruínas de Palenque, na ilha de Páscoa, em toda parte onde o homem da Antiguidade pôs os pés. O 3 e o 4, o triângulo e o quadrado, ou os signos universais masculino e feminino, que indicam o primeiro aspecto da evolução da divindade, estão representados perpetuamente nos Céus pelo Cruzeiro do Sul, como estão na *Crux-Ansata* egípcia. Como muito bem já se disse, "O desdobramento do Cubo dá a cruz com a forma egípcia, o *Tau*, ou a cruz cristã [...]. Unindo um círculo à primeira, temos a *Cruz Ansata* [...]. Essa espécie de medida estava associada à ideia da *origem* da vida humana e, daí, à *forma fálica*".[2]

As estâncias dão à cruz e àqueles números um papel muito importante na cosmogonia arcaica. Por outro lado, podemos valer-nos dos testemunhos reunidos pelo mesmo autor, na seção que tem o título muito pertinente de "vestígios primordiais dos símbolos", para mostrar a identidade dos símbolos e de seu significado esotérico em todo o mundo.

---

[2] [J. Ralston Skinner, em manuscrito inédito dos arquivos da Sociedade Teosófica, Adyar, Índia.]

As ilhas de Páscoa, no "meio do Pacífico", aparentam ser os picos que restam das montanhas de um *continente submerso*, por existirem ali inúmeras estátuas ciclópicas, vestígios de um povo numeroso e inteligente que devia, necessariamente, ter ocupado uma área muito extensa. Sobre o ombro das imagens, vê-se a *"cruz ansata"* e essa mesma cruz modificada segundo os contornos do corpo humano.[3]

Idênticos signos, números e símbolos esotéricos são encontrados no Egito, no Peru, no México, na ilha de Páscoa, na Índia, na Caldeia e na Ásia Central. Homens crucificados e símbolos da evolução das raças descendentes dos deuses. No entanto, vemos a Ciência repudiando a ideia de *uma raça humana que não seja* feita à *nossa* imagem, a teologia aferrando-se aos seus 6 mil anos desde a Criação, a antropologia ensinando que somos descendentes do macaco, e o clero afirmando que descendemos de Adão, 4.004 anos antes de Cristo!

Devemos nós, pelo temor de incorrer na pecha de tolos e supersticiosos, e até na de *mentirosos*, abster-nos de apresentar provas, tão boas como outras quaisquer, só porque ainda não despontou o dia em que se darão todas as SETE CHAVES à Ciência, ou melhor, aos homens de saber que investigam o ramo da simbologia? Diante das esmagadoras descobertas da geologia e da antropologia no que se refere à antiguidade do homem, devemos circunscrever-nos aos 6 mil anos e à "criação especial" ou aceitar com submissa admiração a genealogia que nos faz descender do macaco para evitar o dissabor de que sofre todo aquele que se afasta das trilhas batidas, tanto da Teologia como do Materialismo? Não, pelo menos enquanto soubermos que os anais secretos guardam as SETE chaves do mistério da gênese do homem. Por deficientes, materialistas e eivadas de preconceitos que sejam as teorias da Ciência, estão elas mil vezes mais perto da verdade que as divagações da teologia. Estas se acham hoje nos seus últimos estertores, exceto para os mais intransigentes beatos ou fanáticos. Só há, portanto, esta alternativa: ou

---

[3] Skinner, *Source of Measures* (1875), 54.

aceitamos cegamente as deduções da Ciência ou com elas rompemos, enfrentando-a resolutamente, proclamando o que a Doutrina Secreta nos ensina e dispondo-nos inteiramente a sofrer as consequências.

As SETE CHAVES abrem os mistérios, passados e futuros, das sete grandes Raças-Raízes e dos sete *Kalpas*. Certamente, a gênese do homem e a geologia segundo o esoterismo serão rejeitadas pela ciência (tanto quanto as raças satânicas e pré-adamitas); não obstante, se os cientistas – por não terem outro caminho para sair das dificuldades – se virem na contingência de escolher entre as duas versões, estamos convencidos de que – apesar da escritura e de ter sido compreendida, ainda que em parte, a linguagem do mistério – há de prevalecer o ensinamento arcaico.

Capítulo 3

A SUBSTÂNCIA PRIMORDIAL E O PENSAMENTO DIVINO

Os próprios filósofos tinham de ser *iniciados em certos mistérios perceptivos* para poder apreender o verdadeiro pensamento dos antigos sobre esse assunto, o mais metafísico de todos. De outro modo – isto é, sem essa iniciação –, a capacidade intelectual de cada pensador clamará: "até aqui chegarás, mas não irás além", traçando assim um limite claro e inelutável, como o que a lei do *carma* impõe ao progresso de cada raça ou nação, no seu respectivo ciclo. Sem a iniciação, os ideais do pensamento religioso contemporâneo terão sempre as asas cortadas, incapazes de voar mais alto, pois tanto os pensadores idealistas como os realistas, e até os livres-pensadores, não são mais que a expressão e o produto natural de sua época e de seu ambiente. O ideal de cada um deles não é senão o resultado inevitável de seu temperamento e a manifestação daquela fase de progresso intelectual que uma nação alcançou em sua coletividade.

O pensamento divino não pode ser definido, nem sua significação, explicada, exceto pelas inumeráveis manifestações da Substância Cósmica, na qual aquele pensamento *é sentido* espiritualmente pelos que têm capacidade para tanto. Dizer isso, depois de enunciado que a Divindade Desconhecida é abstrata, impessoal e assexuada, devendo estar na raiz de toda a Cosmogonia e de sua subsequente evolução, equivale a não dizer absolutamente nada. Quando "o uno se converte em dois", pode-se então nomeá-lo como espírito *e* matéria. Ao "Espírito" podem ser atribuídas todas as manifestações da consciência, direta ou reflexa, e da *intenção inconsciente* como se evidencia no Princípio Vital e na submissão da Natureza à ordem majestosa da lei imutável. A "Matéria" deve ser considerada como o objetivo em sua mais pura abstração, a base existente por si mesma, cujas *manvantáricas* diferenciações septenárias constituem a realidade objetiva, subjacente aos fenômenos de cada fase da existência consciente. Durante o período do *Pralaya* universal, a Ideação Cósmica é inexistente, e os estados diversamente diferenciados da Substância Cósmica se resolvem novamente no estado primitivo de objetividade abstrata potencial.

O impulso *manvantárico* principia com o redespertar da Ideação Cósmica (a "Mente Universal") simultânea e paralelamente com o primeiro emergir da Substância Cósmica – sendo esta última o veículo *manvantárico* da primeira – de seu estado pralaico não diferenciado. A sabedoria absoluta então se reflete em sua Ideação; a qual, por um processo transcendente, superior e incompreensível à consciência humana, se transforma em Energia Cósmica (*Fohat*). Vibrando no seio da Substância inerte, *Fohat* a impele à atividade e guia suas primeiras diferenciações em todos os Sete planos da Consciência Cósmica.

Diz-se que a Ideação Cósmica é não existente durante os períodos *pralaicos*, pela simples razão de que não há nada nem ninguém para lhe perceber os efeitos. Não pode haver manifestação de Consciência, de semiconsciência ou mesmo de "intenção inconsciente", senão por meio do veículo da matéria; vale dizer que, no plano em que vivemos, onde a consciência humana *em seu estado normal* não pode elevar-se acima da chamada metafísica transcendente, só por meio de uma agregação ou construção molecular é que o Espírito surge como uma corrente de subjetividade individual ou subconsciente. E como a Matéria, separada da percepção, é mera abstração, os dois aspectos do ABSOLUTO – Substância Cósmica e Ideação Cósmica – são interdependentes. Para dizer com toda a exatidão, evitando confusões e interpretações errôneas, a palavra "Matéria" deveria ser aplicada ao agregado de objetos cuja percepção é possível, e a palavra "Substância", aos *númenos*. Porque, se os fenômenos do *nosso* plano são criações do Ego – que percebe modificações de sua própria subjetividade –, todos os "estados de matéria que representam agregado de objetos percebidos" não podem ter, para os filhos do nosso plano, senão uma existência relativa e puramente fenomenal.

Do ponto de vista da metafísica mais elevada, todo o Universo – inclusive os deuses – é uma ilusão. Mas a ilusão daquele que em si mesmo é uma ilusão difere em cada plano de consciência; e nós não temos mais direito de dogmatizar sobre a possível natureza das faculdades perceptivas do Ego do sexto plano, por exemplo, do que de identificar nossas percepções com as de uma formiga, ou tomá-las como paradigma do modo de consciência *dessa*.

Que é, pois, a "Substância Primordial", essa coisa misteriosa a que sempre se referiu a Alquimia e que serviu de tema às especulações filosóficas de todos os tempos? Que pode ser, finalmente, inclusive em sua pré-diferenciação fenomenal? Mesmo sendo *ela* o TODO da Natureza manifestada, *nada* é para os nossos sentidos. É mencionada com nomes diferentes em todas as Cosmogonias; todas as filosofias se referem a ela, e até hoje continua sendo o PROTEU sempre fugidio e sempre presente na Natureza. Nós a tocamos sem a sentir; nós a olhamos e não a vemos, nós a respiramos e não a percebemos; nós a ouvimos e a inalamos, sem ter a menor noção de sua presença; porque ela está em cada molécula daquilo que, em nossa ilusão e ignorância, chamamos de Matéria, em qualquer de seus estados, ou no que concebemos como uma sensação, um pensamento, uma emoção. Em uma palavra, é o "*upâdhi*", ou veículo, de todos os fenômenos possíveis, sejam físicos, mentais ou psíquicos. Nas primeiras frases do *Gênese*, como na Cosmogonia caldeia, nos *Purânas* da Índia e no *Livro dos mortos* do Egito, por toda parte ela abre o ciclo da manifestação. É chamada de o "Caos" e a face das águas, incubadas pelo Espírito procedente do Desconhecido, seja qual for o nome que lhe seja dado.

Há mais sabedoria oculta nas *fábulas* exotéricas dos *Purânas* e da *Bíblia* do que em toda a ciência e em todos os *fatos* exotéricos da literatura universal; e mais verdadeira Ciência OCULTA do que no conhecimento exato de todas as academias. Ou, para falar de um modo mais claro e incisivo: há tanta sabedoria esotérica em alguns trechos dos *Purânas* e do *Pentateuco exotéricos* como há de contrassenso, fantasia e infantilidade intencional, quando os lemos apenas à luz das interpretações difíceis e desusadas das religiões dogmáticas – e, principalmente, as de suas seitas.

Que se leiam os primeiros versículos do capítulo 1 do *Gênese* e se reflita no que eles dizem. Ali "Deus" ordena a *outro* "deus", *que lhe obedece a ordem*. É o que se lê até mesmo na *cautelosa* tradução dos protestantes ingleses, autorizada pelo rei Tiago I.

No "princípio" (a língua hebraica não dispõe de palavra para exprimir a ideia de Eternidade), "Deus" fez o *Céu* e a *Terra*; e a Terra estava "vazia e sem forma", ao passo que o primeiro não era propriamente o Céu, mas o "Abismo", o *Caos*, com as trevas sobre a sua face.

"E o *Espírito* de DEUS se movia sobre a face das Águas" (I:2), isto é, sobre o grande Abismo do Espaço Infinito. E esse Espírito é *Nârâyana*, ou Vishnu.

"E Deus disse: Faça-se o firmamento [...]" (I:6), e "Deus", o segundo, obedeceu e "*fez* o firmamento" (I:7). "E Deus disse: Faça-se a luz", "houve a luz". Porém esta última não significa absolutamente a luz física, mas, como na *Cabala*, o "Adão Kadmon" andrógino, ou Sephira (a *Luz Espiritual*) – os dois sendo um só; ou, segundo o *Livro dos números* caldeu, os anjos *secundários* – sendo os primeiros os Elohim, que são o *agregado* daquele *deus* que "faz". Pois a quem são dirigidas aquelas palavras de comando? E quem é o que ordena? O que ordena é a *Lei eterna*, e quem obedece são os *Elohim*, a quantidade conhecida operando em x e com x, ou o coeficiente da quantidade desconhecida, as *Forças* da Força UNA. Tudo isso é Ocultismo; encontra-se nas ESTÂNCIAS arcaicas. Não tem nenhuma importância dar a essas "Forças" o nome de *Dhyân-Chohans* ou o de *Auphanim*, como o faz São João.

"A Luz una Universal, que são *Trevas* para o Homem, é sempre existente" – está escrito no *Livro dos números* caldeu. Dela procede periodicamente a ENERGIA, a qual se reflete no "Abismo" ou Caos, esse depósito dos mundos futuros; e, uma vez desperta, agita e fecunda as Forças latentes, que constituem as potencialidades nela eternamente presentes. Então, acordam novamente os *Brahmâs* e os *Buddhas* – as Forças coeternas – e um novo Universo vem à existência.

A "Substância Primordial" é designada por alguns como o *Caos*. Platão e os pitagóricos chamaram-na a *Alma do Mundo*, impregnada pelo Espírito *daquilo* que fecunda as Águas Primitivas ou o *Caos*. Refletindo-se nela – dizem os cabalistas –, o Princípio incubador criou a fantasmagoria de um Universo visível manifestado. O *Caos* antes – e o *Éter*, depois – desse "reflexo" é sempre a divindade que penetra o espaço e todas as coisas. É o Espírito invisível e imponderável das coisas, e o fluido invisível, ainda que bem tangível, que brota dos dedos vigorosos do magnetizador, porque é a Eletricidade Vital, a própria VIDA. Os teurgistas e ocultistas o chamam ainda hoje "o Fogo vivo"; e não há um hindu que pratique alguma classe de meditação ao amanhecer que não conheça seus efeitos. É o "Espírito da Luz" e é *Magnes*.

Assim, o Espírito, ou a Ideação Cósmica, e a Substância Cósmica – que tem como um dos *princípios* o Éter – não fazem mais que *um* e compreendem os ELEMENTOS, no sentido que lhes dá São Paulo. Esses Elementos são a Síntese velada que representa os *Dhyân-Chohans*, os *Devas*, os *Sephiroth*, os *Amshaspends*, os Arcanjos etc. O Éter da ciência – o *Ilus* de Berose ou o *Protilo* da química – constitui, por assim dizer, o material relativamente *tosco* de que se utilizam os "Construtores" já mencionados para formar os sistemas do Cosmos, segundo o plano que lhes foi eternamente traçado no PENSAMENTO DIVINO. Dizem que são "mitos". Não são mais mitos do que o Éter e os Átomos, respondemos nós. Correspondem esses últimos a necessidades *absolutas* da ciência física; os "Construtores" são também uma necessidade absoluta da metafísica.

A ideia dominante mais precisa que se encontra em todos os ensinamentos antigos, a respeito da Evolução Cósmica e da primeira "criação" do nosso Globo com todos os seus produtos orgânicos e *inorgânicos* – palavra estranha na pena de um ocultista! – é que todo o Kosmos surgiu do PENSAMENTO DIVINO. Esse pensamento impregna a matéria, que é coeterna com a REALIDADE ÚNICA; e tudo que vive e respira é produto das emanações do UNO *Imutável, Parabrahman – Mulaprakriti*, a raiz una eterna. O primeiro desses dois aspectos, o do ponto central dentro, por assim dizer, de regiões inacessíveis à inteligência humana, é a abstração absoluta; ao passo que, em seu aspecto de *Mulaprakriti*, a eterna raiz de tudo nos dá, pelo menos, uma vaga ideia do Mistério do Ser.

Ensinava-se, portanto, nos templos *internos*, que "este universo visível de espírito e de matéria é apenas a imagem concreta da abstração ideal; foi construído com base no modelo da primeira IDEIA DIVINA. Assim, o nosso universo existiu desde a Eternidade em estado latente. A alma que anima esse universo puramente espiritual é o sol central, a mais elevada divindade em si mesma. Não foi essa divindade que construiu a forma concreta da ideia, mas o seu primogênito".[1]

Os fragmentos dos sistemas que chegaram até nós são agora desprezados como fábulas absurdas. Não obstante, a ciência oculta, que sobreviveu até mesmo à grande Inundação que submergiu os gigantes antediluvianos e, com eles, sua própria lembrança (salvo os registros conservados na Doutrina Secreta, na *Bíblia* e em outras escrituras), detém ainda a Chave de todos os problemas do mundo.

Apliquemos, pois, essa Chave aos raros fragmentos de cosmogonias há tanto tempo esquecidas e, por meio de suas parcelas esparsas, procuremos restaurar o que em tempos foi a Cosmogonia Universal da Doutrina Secreta. A Chave serve para todas. Ninguém pode estudar seriamente as filosofias antigas sem perceber a surpreendente semelhança de conceitos que há em todas elas; e que tal semelhança, muito frequente em sua forma exotérica e invariável em seu sentido oculto, é o resultado não de mera coincidência, mas de uma intenção predeterminada. Não deixará também de perceber que, durante a juventude da humanidade, houve uma só linguagem, um conhecimento e uma religião universais, quando não havia igrejas, credos nem seitas, mas quando cada homem era seu próprio sacerdote.

---

[1] Blavatsky, *Ísis sem Véu* (1991), 2:52.

Capítulo 4

A DIVINDADE OCULTA, SEUS SÍMBOLOS E SIGNOS

O ESPAÇO é, na realidade, o continente e *o corpo do Universo* com seus sete princípios. É um corpo de extensão ilimitada, cujos PRINCÍPIOS, segundo a fraseologia ocultista – cada um deles constituindo, por sua vez, um septenário –, só manifestam em nosso mundo fenomenal a estrutura mais densa de *suas subdivisões*. "Ninguém jamais viu os Elementos em sua plenitude", reza a Doutrina. Devemos buscar a nossa Sabedoria nas expressões originais e nos sinônimos dos povos primitivos.

Faziam do Éter o quinto elemento, a síntese dos outros quatro; pois o Aether dos filósofos gregos não era o Éter, seu resíduo, que certamente eles conheciam melhor que a ciência de hoje, resíduo ou Éter que se considera, a justo título, como o agente operador de muitas forças que se manifestam na Terra. O Aether daqueles era o *Akâsha* dos hindus; o Éter dos físicos não é mais que uma de suas subdivisões, em nosso plano: a *Luz Astral* dos cabalistas, com todos os seus efeitos, bons e *maus*. A Essência do Aether, ou o Espaço Invisível, era tida como divina porque se supunha ser o véu da Divindade e imaginava-se que fosse o intermédio entre esta vida e a seguinte. Acreditavam os antigos que, quando as "Inteligências" ativas dirigentes (os deuses) se retiravam de alguma parte do Éter *em nosso Espaço* – os quatro reinos que elas governam –, aquela região especial ficava submetida ao mal, assim chamado em razão da ausência do *Bem*.

De acordo com o ensinamento hindu, a Divindade, na forma do Aether ou *Akâsha*, penetra todas as coisas. Eis por que os teurgistas a chamavam "o fogo vivo", o "Espírito da Luz" e, algumas vezes, *Magnes*. Platão dizia que foi a própria Divindade suprema quem construiu o Universo na forma geométrica do Dodecaedro e que o seu "primogênito" nasceu do Caos e da Luz Primordial, o Sol Central. Esse "Primogênito" não era, contudo, senão o agregado da Legião dos "Construtores", as primeiras Forças construtoras, que as cosmogonias primevas chamavam de *Antigos* (nascidos do Abismo ou Caos) e o "Primeiro Ponto". É o Tetragrammaton, à frente dos sete *sephiroth* inferiores. Essa era também a crença dos caldeus. "Estes caldeus", discorre Fílon, "eram de opinião que o Kosmos, *entre as coisas que existem* [?], é um simples ponto, sendo ele próprio Deus [Theos] ou encerrando Deus em si e contendo a alma de todas as coisas."[1]

Nas cosmogonias de todas as nações, os "Arquitetos", sintetizados pelo Demiurgo (na *Bíblia*, os "Elohim"), são os que, do Caos, formam o Kosmos, e são o *Theos* coletivo "masculino-feminino", o espírito e a matéria. Caos-Theos-Kosmos, a divindade trina, é *tudo em tudo*. Por isso diz-se que é masculino e feminino, bom e mau, positivo e negativo, toda a série de qualidades opostas. Quando se acha em estado latente, em *Pralaya*, é incognoscível e torna-se a *Divindade desconhecida*. Só pode ser conhecido em suas funções; como *matéria-Força* e *Espírito vivente*, correlações e manifestação, ou expressão, no plano visível, da UNIDADE suprema sempre desconhecida.

Por sua vez, essa unidade tríplice é a produtora dos quatro "Elementos" primitivos, que são conhecidos em nossa natureza terrestre visível como os sete Elementos (os *cinco* até o presente), cada um divisível em 49 (ou sete vezes sete) subelementos, dos quais a química conhece uns 70. Todos os Elementos Cósmicos, tais como o Fogo, o Ar,

---

[1] Fílon de Alexandria, *On the Migration of Abraham*, 32.179.

a Água e a Terra, participam das qualidades e dos defeitos de seus Primários e são, por sua natureza, o Bem e o Mal, a Força (ou espírito) e a Matéria etc.; e cada um deles, portanto, é ao mesmo tempo Vida e Morte, Saúde e Enfermidade, Ação e Reação. Estão constantemente formando matéria, com o impulso incessante do Elemento UNO (o *incognoscível*), representado no mundo dos fenômenos pelo Aether, ou "os deuses imortais que dão origem e vida a todas as coisas".

A genuína filosofia esotérica não se refere nem a "criação" nem a "evolução" no sentido em que o fazem as religiões exotéricas. Todos esses Poderes personificados não são evoluções uns dos outros, mas, sim, outros tantos aspectos da mesma e única manifestação do todo ABSOLUTO. *Ain-Soph* não pode ser o Criador nem sequer o modelador do Universo, nem tampouco *Aur* (a luz). Por conseguinte, *Ain-Soph* é também as Trevas. O Infinito *imutável* – o Ilimitado *absoluto* – não pode querer, não pode pensar nem atuar. Para fazê-lo, deve converter-se em finito, e *ele* o faz por meio de seu raio que penetra no ovo do mundo, ou espaço infinito, e dele sai como deus finito. Mas isso é função do raio, que está latente no uno. Quando chega o momento, a vontade absoluta dilata naturalmente a força que nela jaz, de conformidade com a Lei, da qual é a Essência interna e última.

Ao chegar o período de atividade, de dentro da essência eterna de *Ain-Soph*, surge Sephira, o Poder ativo, chamado o Ponto Primordial, e a Coroa, *Kether*. Só por seu intermédio podia a "Sabedoria Ilimitada" dar uma forma concreta ao Pensamento abstrato. É o primeiro passo para a solidificação do espírito que, depois de modificações diversas, produzirá a Terra. Quando Sephira surge como um poder ativo de dentro da Divindade latente, é feminina; quando assume o papel de criador, é masculino; daí seu caráter andrógino. É ela "o Pai e a Mãe Aditi" da cosmogonia hindu e *da Doutrina Secreta.*

Conforme as palavras do *Zohar*: "O Ponto Indivisível, que não tem limites e não pode ser compreendido por causa de sua pureza e de seu resplendor, dilatou-se *exteriormente*, produzindo um fulgor que lhe servia de véu"; mas também este último "*não podia ser contemplado* por causa de sua luz incomensurável. E o véu igualmente se dilatou *exteriormente*, e essa expansão formou a sua vestimenta. Assim, por meio de uma constante *palpitação* (movimento), o mundo veio finalmente a ter existência". A substância Espiritual lançada pela Luz Infinita é o *primeiro* Sephira ou *Shekinah*. *Exotericamente*, Sephira contém em si todos os outros nove Sephiroth; *esotericamente*, só contém dois, *Chokhmah* ou *Sabedoria*, "potência masculina *ativa* cujo nome divino é *Jah*", e BINAH, uma potência feminina passiva, Inteligência, representada pelo nome divino de Jeová. Essas duas potências formam, com Sephira (a Coroa, ou KETHER), a Trindade judaica. Os dois Sephiroth, chamados *Abba*, Pai, e *Amona*, Mãe, são a díade ou o *logos* bissexual de que saíram os outros sete Sephiroth. Essa primeira tríade judaica (*Sephira*, *Chokhmah* e *Binah*) é a *Trimurti* hindu. Em ambos os Sistemas Secretos, a Essência Una Universal é incompreensível e *inativa* em seu estado absoluto, e não pode ser associada à construção do Universo senão de modo indireto. Em ambos, o Princípio primordial masculino-feminino ou andrógino, e suas dez e suas sete Emanações, com os seus Prajâpatis e Sephiroth, representam, em sua totalidade, em primeiro lugar, o homem Arquétipo, o *Proto-logos;* e só em seu aspecto secundário é que se convertem em poderes Cósmicos, em corpos astronômicos ou siderais.

Capítulo 5

O OVO DO MUNDO

De onde provém este símbolo universal? O Ovo figurou como signo sagrado nas cosmogonias de todos os povos da Terra e foi venerado tanto por causa de sua forma como pelo mistério que encerra. Desde as primeiras concepções mentais do homem, foi considerado o símbolo que melhor representava a origem e o segredo do ser. O desenvolvimento progressivo do germe imperceptível dentro da casca; o trabalho interno que, sem a intervenção de nenhuma força externa aparente, de um *nada* latente, produz *algo* ativo, sem para isso necessitar de outra coisa além de calor; algo que, depois de evolucionar gradualmente em uma criatura viva e concreta, rompe a casca e aparece aos sentidos externos de todos como um ser gerado por si mesmo e por si mesmo criado; tudo isso tinha de ser, desde o começo, um milagre permanente.

O ensinamento secreto explica a razão daquela veneração pelo simbolismo das raças pré-históricas. No princípio, a "Causa Primeira" não tinha nome. Mais tarde, a fantasia dos pensadores a representou como uma Ave, sempre invisível e misteriosa, que deixou cair um Ovo no Caos, Ovo que se converteu no Universo. Eis que *Brahmâ* foi chamado *Kâlahamsa*, "o cisne no (Espaço e) no Tempo". Tornando-se o "Cisne da Eternidade", *Brahmâ* pôs, no início de cada *Mahâmanvan-*

tara, um "Ovo de Ouro", que simboliza o grande Círculo, ou O, que por sua vez é símbolo do universo e de seus corpos esféricos.

A segunda razão pela qual o ovo foi escolhido como a representação simbólica do Universo e de nossa Terra está na sua forma. É um Círculo e uma Esfera, e a forma ovoide do nosso globo já devia ser conhecida desde quando surgiu o simbolismo, para que o signo do ovo fosse tão universalmente adotado. A primeira manifestação do Kosmos com a forma de um ovo era a crença mais difundida da Antiguidade. Era um símbolo usado entre os gregos, os sírios, os persas e os egípcios.

Entre os gregos, o Ovo Órfico fazia parte dos mistérios dionisíacos e de outros, durante os quais era consagrado o Ovo do Mundo e explicada a sua significação. Porfírio também o apresenta como uma representação do mundo. Na Grécia, como na Índia, o primeiro ser masculino visível, que reunia em si mesmo a natureza dos dois sexos, habitou o ovo e dele saiu. Esse "primogênito do mundo", segundo alguns gregos, foi Dionísio, o deus que surgiu do ovo do mundo e do qual provêm os mortais e os imortais.

Considerando essa forma circular, o "|" saindo do "O" ou ovo, ou o macho da fêmea no andrógino, o 10, sendo o número sagrado do universo, era secreto e esotérico, tanto em relação à unidade quanto em relação ao *zero*, o círculo.

O simbolismo das Divindades lunares e solares se acha de tal modo entrelaçado que é quase impossível separar os signos de umas e outras, como o ovo, o lótus e os animais "sagrados". A *íbis*, por exemplo, era objeto de grande veneração no Egito. Era consagrada a Ísis, representada muitas vezes com a cabeça desse pássaro, e também a Mercúrio ou Thot, que se diz haver tomado sua forma quando escapou de Tífon. Havia duas espécies de íbis no Egito, conta Heródoto: uma *inteiramente negra*, e a outra preta e branca. Dizia-se que a primeira combatia e exterminava as serpentes aladas que vinham da Arábia na primavera e infestavam o país. A outra era consagrada à lua, porque esse astro é branco e brilhante em seu lado externo e negro e escuro do lado que nunca mostra à Terra. Além disso, a *íbis* mata as serpentes da Terra e destrói quantidades imensas de ovos de crocodilo, livrando assim o Egito de ter o Nilo infestado por esses horríveis sáurios. Supõe-se que o pássaro execute sua tarefa sob a claridade da lua, sendo assim ajudado por *Ísis*, cujo símbolo sideral é a lua. Mas a verdade esotérica, que se esconde por trás desses mitos populares, é que Hermes velava sobre os egípcios na forma daquele pássaro e lhes ensinava as artes e ciências ocultas. Quer isso dizer que a *ibis religiosa* tinha – e tem – propriedades "mágicas", como muitas outras aves, sobretudo o albatroz e o mítico cisne branco, o cisne da Eternidade ou do Tempo, o KÂLAHAMSA.

Se assim não fosse, por que aquele temor supersticioso dos antigos, que não eram mais tolos do que nós, de matar certas aves? No Egito, quem matasse uma *íbis* ou um falcão dourado, símbolo do Sol e de Osíris, arriscava-se à morte e dificilmente conseguia escapar. A veneração das aves por alguns povos era tamanha que Zoroastro, em seus preceitos, proibiu a destruição delas, por considerar isso um crime hediondo. Mas os próprios cristãos têm, ainda hoje, as suas aves sagradas; por exemplo, a pomba, símbolo do Espírito Santo. Nem tampouco esqueceram os animais sagrados, e a zoolatria bíblica *evangélica*, com o seu Touro, a sua Águia, o seu Leão, o seu Anjo (que não é senão o querubim ou serafim, a serpente de fogo alada), é tão pagã como a dos egípcios ou a dos caldeus. Esses quatro animais, em verdade, são os símbolos dos quatro elementos e dos quatro princípios *inferiores* do homem. Contudo, correspondem também, física e materialmente, às quatro constelações que formam, por assim dizer, o *séquito* ou *cortejo* do Deus Solar e que, durante o solstício de inverno, ocupam os quatro pontos cardeais do círculo zodiacal. São os animais do *Mercabah* de Ezequiel.

Como bem o diz [o escritor maçom francês] Ragon, "os antigos Hierofantes combinaram tão habilmente os dogmas e símbolos de suas filosofias religiosas que não é possível explicá-los de maneira cabal e satisfatória senão mediante o emprego e o conhecimento de *todas* as chaves". Só *aproximadamente* podem ser interpretados, ainda quando se cheguem a descobrir três dos sete sistemas, a saber: o *antropológico*, o *psíquico* e o *astronômico*. As duas principais interpretações, a mais elevada e a inferior, a espiritual e a fisiológica, foram conservadas no maior sigilo até que a última caiu no domínio dos profanos.

No Livro dos Mortos alude-se frequentemente ao Ovo. Rá, o poderoso, permanece em seu Ovo durante a luta entre os "filhos da rebelião" e *Shu* (a Energia Solar e o Dragão das Trevas). O defunto resplandece em seu Ovo quando faz a travessia para o país do mistério. É o Ovo de Seb. O Ovo era o símbolo da vida na *imortalidade* e na eternidade, e também o signo da matriz geradora; ao passo que o *tau*, que lhe estava associado, era só o símbolo da vida e do nascimento na *geração*. O Ovo do Mundo estava colocado em *Khum*, a "Água do Espaço" ou o princípio feminino *abstrato*; e quando *Ptah*, o "deus solar", leva na mão o Ovo do Mundo, o simbolismo torna-se inteiramente terrestre e concreto em sua significação. Com o falcão, signo de Osíris-Sol, o símbolo é dual, referindo-se a ambas as vidas: a mortal e a imortal. Em um papiro reproduzido no *Oedipus Aegyptiacus* (3:124)[1] de Kircher, vê-se um ovo flutuando sobre a múmia. É o símbolo da esperança e a promessa de um *segundo nascimento* para o morto *Osirificado*; sua Alma, após a devida purificação no *Amenti*, cumprirá seu período de gestação nesse ovo da imortalidade, para dele renascer em uma nova vida sobre a Terra. Esse Ovo é, segundo a doutrina esotérica, o *Devachan*, a mansão da felicidade. O escaravelho alado é outro símbolo de idêntica significação. O "globo alado" não é senão outra forma do ovo, com o mesmo significado do escaravelho.

Nos Hinos Órficos, *Eros-Phanes* surge do Ovo divino, que se impregna dos *Ventos Aethéreos*, sendo o vento "o Espírito de Deus", ou

---

[1] [*Oedipus Aegyptiacus*, de Athanasius Kircher (1602-1680), estudioso jesuíta alemão, é considerada sua maior obra. Publicada em Roma entre 1652 e 1654 em três grossos volumes, ela procura apresentar uma chave para o deciframento dos hieróglifos egípcios. No decorrer de sua abordagem, ele discutiu a filosofia de Zoroastro, Orfeu, Hermes Trismegisto, Platão, Pitágoras e da Cabala e tentou tabular os diversos sistemas, sugerindo uma origem comum como base de suas correspondências. Além disso, ele escreveu livros sobre ímãs, mundos subterrâneos, a China e a música.]

melhor, "o Espírito das Trevas Desconhecidas" – a "Ideia" divina, diz Platão, "que se presume mover o Aether".

Há muitas alegorias encantadoras sobre o assunto, esparsas nos livros sagrados dos brâmanes. Em uma delas, é o criador feminino quem é primeiro um germe, depois uma gota de orvalho celeste, uma pérola e finalmente um ovo. Em tais casos, o ovo dá origem aos quatro elementos dentro do quinto, o Éter, e está coberto por sete envoltórios, que mais tarde se convertem nos sete mundos superiores e nos sete mundos inferiores. Partindo-se em duas, a casca forma o céu e o conteúdo, a Terra, sendo a clara as águas terrestres.

O ovo era consagrado a Ísis, e por isso os sacerdotes do Egito jamais comiam ovos. Os chineses acreditam que o seu primeiro homem nasceu de um ovo, que o deus *Tien* deixou cair do céu nas águas da Terra. Alguns ainda consideram esse símbolo uma representação da ideia da origem da vida, o que é uma verdade científica, se bem que o *ovum* humano seja invisível a olho nu. Daí a razão por que, desde os tempos mais remotos, era o símbolo reverenciado pelos gregos, fenícios, romanos, japoneses e siameses, assim como pelas tribos da América do Norte e do Sul e até pelos selvagens das ilhas mais longínquas.

Os cristãos (especialmente os das igrejas grega e latina) adotaram inteiramente o símbolo e veem nele uma evocação da vida eterna, da salvação e da ressurreição. Há uma confirmação disso no costume tradicional de se presentearem "Ovos da Páscoa". Desde o *anguinum*, o "Ovo" do druida "pagão", até o Ovo da Páscoa vermelho do camponês eslavo, transcorreu todo um ciclo. E, no entanto, seja na Europa civilizada, seja entre as mais destituídas dentre as tribos selvagens da América Central, encontraremos sempre o mesmo pensamento arcaico primitivo, se nos dermos ao trabalho de procurá-lo e se não desfigurarmos a ideia original do símbolo, em consequência do orgulho de nossa pretensa superioridade intelectual e física.

Capítulo 6

OS DIAS E AS NOITES DE BRAHMÂ

Tais são os nomes que se dão aos períodos do MANVANTARA *(Manu-antara,* ou entre os *Manus)* e do PRALAYA (ou Dissolução): o primeiro corresponde aos períodos ativos do Universo; o outro, aos tempos de *repouso* relativo e *repouso* completo, que devem ocorrer ao terminar um "Dia" ou uma "Idade" (uma vida) de *Brahmâ.* Esses períodos, que se sucedem com regularidade uns aos outros, são também chamados pequenos *Kalpas* e grandes *Kalpas,* o *Kalpa* menor e o *Mâha-Kalpa,* se bem que o *Mâha-Kalpa* não seja propriamente um "dia", mas toda uma vida ou idade de *Brahmâ.* Em verdade, o seu número é infinito, porquanto nunca tiveram princípio; ou, por outras palavras, nunca houve um *primeiro Kalpa* e nunca haverá um *último,* na Eternidade.

Um *Prândha,* ou metade da existência de *Brahmâ,* na acepção ordinária dessa medida de tempo, já escoou no *Mâha-Kalpa* atual; o *Kalpa* anterior foi o Padma, ou o do Lótus Dourado; o presente é *Varâha,* o *Avatar* ou encarnação do "javali".

A própria filosofia esotérica não pode ter a pretensão de conhecer, salvo por deduções analógicas, o que se passou antes do reaparecimento do nosso Sistema Solar e antes do último *Mâha-Pralaya.* Mas ela ensina claramente que, após a primeira perturbação geológica do eixo da Terra, perturbação que terminou pela submersão, no fundo do oceano, de todo o segundo continente, com suas raças primitivas (tendo sido a Atlântida o quarto dos sucessivos continentes ou das "Terras"), outra perturbação ocorreu, com a volta do eixo ao seu grau de inclinação anterior. E então foi efetivamente a Terra *de novo tirada* das Águas (tanto embaixo como em cima e *vice-versa*). Naqueles tempos, existiam "deuses" sobre a Terra; deuses e não homens, como os de hoje, diz a tradição.

Há várias espécies de *Pralaya*, mas nos antigos livros hindus três períodos principais são mencionados especialmente:

O primeiro chama-se NAIMITTIKA, "ocasional" ou "incidental", e é causado pelos intervalos entre os "Dias de *Brahmâ*"; é a destruição das criaturas e de tudo que tem vida e forma, mas não da substância, que permanece em *statu quo* até a nova AURORA que sucede a essa "Noite".

O segundo chama-se PRÂKRITIKA e ocorre no fim da *Idade* ou Vida de *Brahmâ*, quando tudo que existe se resolve no elemento primário, para ser de novo modelado no final dessa noite mais longa.

Porém o terceiro, ÂTYANTIKA, não diz respeito aos Mundos nem ao Universo, mas tão somente a uma determinada classe de individualidades. É, pois, o *pralaya* individual ou NIRVANA; uma vez alcançado, já não há existência ulterior possível, deixa de haver renascimento, a não ser após o *Mâha-Pralaya*. Essa última noite – que tem a duração de 311.040.000.000.000 de anos, com a possibilidade de ser quase dobrada pelo venturoso *Jivanmukta* que atinge o Nirvana no começo de um *Manvantara* – é bastante longa para ser considerada *eterna*, embora não sem fim.

O *Bhagavad-Purâna* (12:4.35–36) alude a uma quarta espécie de *pralaya*, o *Nitya*, ou dissolução constante, e o explica como a transformação incessante que se opera imperceptivelmente em todas as coisas deste universo, desde o globo até o átomo. É o crescimento e a decadência, a vida e a morte.

O PRALAYA final [ou Mâha-Pralaya] é a Morte do Kosmos, após a qual seu Espírito repousa no Nirvana, ou no seio daquele para quem não há dia nem noite. Todos os outros *Pralayas* são periódicos e sucedem com regularidade aos *Manvantaras*, como a noite sucede ao dia para todas as criaturas humanas, animais e plantas. O ciclo da criação das *vidas* do Kosmos se esgota porque a energia do "Verbo" manifestado tem seu crescimento, seu apogeu e seu declínio, como todas as coisas temporais, por mais longa que seja a sua duração. A Força Criadora é Eterna como Númeno; como manifestação fenomenal em seus diversos aspectos, tem um *princípio* e deve, portanto, ter um fim. Durante esse intervalo, passa por períodos de atividade e períodos de repouso, que são os *"Dias e Noites de Brahmâ"*. Mas *Brahman*, o Númeno, jamais repousa, pois ELE nunca muda, mas sempre É, embora não se possa dizer que esteja em alguma parte.

Vâmadeva Modaliyar descreve em termos bem poéticos a aproximação da "noite". Embora já o tenhamos citado em *Ísis sem Véu*, vale a pena repetir aqui as suas palavras:

> Estranhos rumores se fazem ouvir, os quais procedem de todos os lugares [...]. São os precursores da *Noite de Brahmâ*; *o crepúsculo ergue-se no horizonte* e o Sol desaparece atrás do trigésimo grau de *Makara* (signo do zodíaco) e não chega ao signo de *Mina* (o *Pisces* zodiacal, o signo de peixes). Os gurus dos pagodes, designados para velar pelo *râśi-chakra* [Zodíaco], já podem quebrar seus círculos e instrumentos, pois são doravante inúteis.
>
> A luz enfraquece gradualmente, o calor diminui, os lugares inabitáveis multiplicam-se sobre a Terra, o ar torna-se mais e mais rarefeito; as fontes de água secam, os grandes rios veem exaurir suas ondas, o oceano mostra o seu leito de areia e as plantas morrem. Os homens e os animais diminuem de estatura dia a dia. A vida e o movimento perdem sua força, os planetas mal podem gravitar no espaço; extinguem-se um a um, como uma lâmpada que a mão do *chokra* (servo) não enche mais. *Sûrya* (o Sol) vacila e se apaga, a matéria entra em dissolução (*pralaya*) e *Brahmâ* retorna a *Dyaus*, o Deus não revelado, e, cumprida a sua tarefa, adormece. Outro dia passou, a noite se estende e continua até a futura aurora.

Agora, os germes de tudo que existe entram novamente no ovo dourado de Seu Pensamento, como nos diz o divino Manu. Durante Seu repouso pacífico, os seres animados, dotados dos princípios de ação, interrompem as suas funções e toda sensação (*manas*) adormece. Quando todos são absorvidos na ALMA SUPREMA, essa alma de todos os seres dorme em completo repouso, até o dia em que ela reassume sua forma e desperta novamente de sua escuridão primitiva.[1]

Assim como o *Satya Yuga* é sempre o primeiro na série das quatro idades, ou *Yugas*, o *Kali Yuga* é sempre o último. O *Kali* reina agora na Índia, e parece que coincide com o da idade do Ocidente. De qualquer modo, é curioso observar quão profético foi em quase todas as coisas o autor do *Vishnu-Purâna*, quando predisse alguns dos pecados e das influências sombrias deste Kali Yuga:

> A riqueza e a piedade diminuirão dia a dia até que o mundo se depravará por completo. A classe será conferida unicamente pelos haveres; a riqueza será a única fonte de devoção; a paixão, o único laço de união entre os sexos; a falsidade, o único fator de êxito nos litígios; e as mulheres serão usadas como objeto de satisfação puramente sensual. [...] Assim, na idade de *Kali*, a decadência prosseguirá sem detença, até que a raça humana se aproxime de seu aniquilamento [*pralaya*] [...]. Quando o fim da era de *Kali* estiver próximo, descerá sobre a Terra uma parte daquele ser divino que existe por sua própria natureza espiritual como *Kalki* [*Avatar*],

---

[1] [*Ísis sem Véu*, 3:240-41, citando *Les fils de Dieu* (1873), 229-30, do francês Louis Jacolliot. Jacolliot (1837-1890) servira na Índia como magistrado colonial durante três anos, tempo que empregou em pesquisas para seus inúmeros livros sobre a Índia, sua cultura e suas religiões. Livros como o seu *Le spiritisme dans le monde* (traduzido para o inglês como *Occult Science in India, and among the ancients, with an account of their mystic initiations and the history of spiritism*), publicado em 1875, teriam certamente despertado o interesse de Mme. Blavatsky, que, de fato, menciona em *Ísis sem véu* ter recebido de Hon. John L. O'Sullivan, ex-ministro dos EUA para Portugal, uma edição em 21 volumes de suas obras.]

dotado das oito faculdades sobre-humanas. Ele restabelecerá a justiça sobre a Terra, e as mentes dos que viverem no fim do *Kali Yuga* serão despertadas e se tornarão tão diáfanas como o cristal. Os homens assim transformados [...] *serão como sementes de seres humanos* e darão origem a uma raça que seguirá as leis da idade *Krita*, a idade da pureza.[2]

Certa ou não a última profecia, as *predições* do *Kali Yuga* se acham bem descritas e se casam admiravelmente ao que vemos e ouvimos na Europa e em outras terras civilizadas e cristãs em pleno século XIX e na aurora do século XX de nossa grande era de LUZ.

---

[2] *Vishnu Purâna*, livro 4, capítulo 24, trad. por H. H. Wilson, vol. 4:225-29.

Capítulo 7

O LÓTUS COMO SÍMBOLO UNIVERSAL

Não há símbolo da Antiguidade a que não esteja associada uma significação profunda e filosófica; e, quanto mais antigo, tanto maior a importância do significado. Esse é o caso do LÓTUS. É a flor consagrada à natureza e aos seus Deuses; representa o universo tanto abstrato como concreto e é o emblema dos poderes criadores da natureza física e espiritual. Desde os tempos mais remotos, era tido como sagrado pelos hindus, pelos egípcios e, mais tarde, pelos budistas. Era venerado na China e no Japão, e foi também adotado como emblema cristão pelas igrejas grega e latina, que fizeram dele um mensageiro, como agora o fazem os cristãos, substituindo-o pela açucena. Ele tinha, e tem ainda, o seu significado místico, que é o mesmo para todos os povos da Terra.

Entre os hindus, o lótus é o emblema do poder criador da natureza, que tem como agentes o fogo e a água (o espírito e a matéria). "Ó Tu, Eterno! Eu vejo *Brahmâ*, o criador, entronizado em ti sobre o lótus!", diz um versículo do *Bhagavad Gîtâ* [11.15]. E Sir William Jones assinala que a semente do lótus traz consigo, antes mesmo de germinar, folhas perfeitamente formadas, miniaturas da planta em que deve se transformar um dia. O lótus é, na Índia, o símbolo da terra prolífica e, o que é mais, do monte Meru. Os quatro anjos ou gênios dos quatro quadrantes do Céu permanecem, cada um deles, sobre um lótus. O lótus é o símbolo duplo do hermafrodita humano e do Divino, tendo, por assim dizer, dois sexos.

Para os hindus, o espírito do Fogo (ou Calor) – que anima, fortifica e desenvolve em forma concreta, de seu protótipo ideal, tudo que nasce da ÁGUA ou da Terra primordial – fez evoluir a *Brahmâ*. A flor do lótus, que na alegoria brota do umbigo de Vishnu (o Deus que, nas águas do espaço, repousa sobre a Serpente do Infinito), é o símbolo mais expressivo que já se imaginou. É o Universo que se desenvolve do Sol central, o PONTO, o germe sempre oculto. Lakshmi, que é o aspecto feminino de Vishnu (e é também chamado *Padma*, o lótus), figura flutuando sobre uma flor de lótus na "Criação" e durante o "malaxar do oceano" do espaço, surgindo do "mar de leite" do mesmo modo que Vênus surgiu da espuma do oceano.

A ideia fundamental desse símbolo possui um grande encanto e deixa transparecer uma origem comum em todos os sistemas religiosos. Quer seja como lótus, nenúfar ou açucena, o pensamento filosófico é um só: o objetivo emanando do subjetivo, a Ideação divina passando do abstrato ao concreto ou visível. Pois, assim que as TREVAS (ou antes, o que são "trevas" para a ignorância) desaparecem em seu próprio reino de eterna luz, deixando atrás de si unicamente a sua Ideação divina manifestada, abre-se o entendimento dos Logos criadores, que veem no mundo ideal, até então oculto no pensamento divino, as formas-arquétipos de tudo, e, copiando esses modelos, se põem a construir formas efêmeras e transcendentes.

Nessa fase da ação, o Demiurgo ainda não é o Arquiteto. Nascido no crepúsculo da ação, ele deve, antes de tudo, apreender o plano, para tornar efetivas as formas ideais que estão latentes no seio da Ideação Eterna; exatamente como as futuras folhas do lótus, pétalas imaculadas, se acham ocultas na semente da planta.

Mas, quando aplicado ao culto prático e exotérico, que também tinha sua simbologia esotérica, o lótus se converteu, com o passar do tempo, em veículo e receptáculo de uma ideia mais terrestre. Não há nenhuma religião dogmática que tenha escapado à influência do ele-

mento sexual; e até nossos dias ele macula a beleza moral da ideia-
-mater da simbologia. O trecho que se segue foi extraído do mesmo
manuscrito cabalístico a que já nos referimos várias vezes:

> Idêntica significação tinha o lótus que crescia nas águas do Nilo. Seu modo de crescimento fazia-o particularmente adequado para servir de símbolo das atividades geradoras. A flor do lótus, que é portadora da semente destinada à reprodução, como resultado de sua maturidade, está relacionada, por sua aderência, semelhante à da placenta, com a mãe terra ou matriz de Ísis, mediante o seu comprido talo parecido com um cordão, o cordão umbilical, através da água da matriz, que é o rio Nilo. Nada mais claro do que esse símbolo e, para torná-lo perfeito na significação a que almeja, algumas vezes o apresentam com uma criança sentada na flor, ou dela surgindo. É assim que Osíris e Ísis, os filhos de Cronos, ou do tempo sem fim, no desenvolvimento de suas forças naturais, vieram a ser, naquela cena, os pais do homem, com o nome de Hórus.[1]

O Lótus e a Água figuram entre os mais antigos símbolos, e sua origem é essencialmente ariana, embora tivessem passado depois a propriedade comum ao subdividir-se a Quinta Raça. Vejamos um exemplo. As letras, como também os números, eram todos místicos, quer em combinação, quer separadamente. A mais sagrada de todas é a letra "M". É a um só tempo feminina e masculina, ou andrógina, e foi criada para simbolizar a ÁGUA, o grande oceano, em sua origem. Tem caráter místico em todos os idiomas, orientais e ocidentais, e um signo que representa as ondas, assim: ^ ^ ^. No esoterismo ariano, como no semita, essa letra foi sempre o símbolo das águas. Por exemplo, em sânscrito, MAKARA, o décimo signo do zodíaco, é representado por um crocodilo, ou melhor, um monstro aquático: sempre a associação com a água. A letra "MA" equivale e corresponde ao número 5, que se com-

---

[1] [J. Ralston Skinner, manuscrito dos arquivos da Sociedade Teosófica, Adyar, Índia.]

põe de um *binário*, símbolo dos dois sexos separados, e do *ternário*, símbolo da terceira vida, a progênie do *binário*. Isso é ainda frequentemente simbolizado por um *Pentágono*, que é um signo sagrado, um Monograma divino. MAITREYA é o nome secreto do *Quinto* Buddha e do *Kalki*-Avatâra dos brâmanes, o último MESSIAS que virá no fim do Grande Ciclo. É também a letra inicial da palavra grega *Metis* ou *Sabedoria Divina*; de *Mimra*, o "verbo" ou *Logos*; e de *Mithras* (*Mihr*), *Mônada*, *Mistério*. Todos esses elementos provieram do grande Abismo e nele nasceram, e são os Filhos de *Mâyâ*, a Mãe: *Mut* no Egito, *Minerva* em Roma (sabedoria divina); *Maria* ou *Miriam*, *Myrrha* etc., a Mãe do Logos cristão; e *Mâyâ*, a Mãe de Buddha. *Mâdhava* e *Mâdhavi* são os epítetos dos deuses e das deusas mais importantes do panteão hindu. Por último, *Mandala* é, em sânscrito, um "círculo" ou um orbe (as dez divisões do *Rig Veda*). Na Índia, os nomes mais sagrados principiam geralmente com essa letra, desde *Mahat*, a primeira inteligência manifestada, e *Mandara*, a grande montanha de que se utilizaram os deuses para malaxar o *Oceano*, até *Mandâkimî*, o *Gangâ* celeste ou Ganges, *Manu* etc.

Poderia se dizer que é uma coincidência? É então uma coincidência bem estranha, na verdade, pois vemos que o próprio Moisés, encontrado nas águas do Nilo, traz em seu nome a consoante simbólica. E a filha do Faraó "lhe deu o nome de Moisés, dizendo: *porque o retirei das ÁGUAS*" (Êxodo 2:10). Além disso, em hebraico, o nome sagrado de Deus, *aplicado à letra "M"*, é *Meborach*, o "Santo" ou o "Bendito", e o nome da água do Dilúvio é *Mabbul*. Para terminar essa série de exemplos, podemos ainda lembrar as "*três* Marias" na Crucificação e a sua relação com *Mare*, o Mar ou a *água*. Essa é a razão por que, no judaísmo e no cristianismo, o *Messias* está sempre associado com a Água, o Batismo, com os *Peixes*, o signo do zodíaco, chamado *Mina* em sânscrito, e até com *Matsya* (peixe) – Avatâra –, e o Lótus – símbolo da matriz –, ou o nenúfar, que tem igual significado.

Entre as relíquias do Egito antigo, quanto maior é a antiguidade dos símbolos e dos emblemas votivos dos objetos desenterrados, mais a flor do lótus e a água aparecem relacionadas aos Deuses Solares. O deus *Nun* – o poder da umidade, ou água, sendo, como ensinava Tales, o princípio de todas as coisas – senta-se em um trono colocado no centro de um lótus. O deus *Bes* é representado sobre um lótus, pronto para devorar seus filhos. Thot, o deus do mistério e da sabedoria, o escriba sagrado do *Amenti*, usando o disco solar como capacete e tendo uma cabeça de touro – o touro sagrado de Mendes é uma das formas de Thot – e um corpo humano, está sentado em um lótus completamente aberto. Finalmente, a deusa *Hiquit*, sob a forma de uma rã, aparece repousando sobre um lótus, o que mostra sua relação com a água. E é pela figura nada poética desse símbolo da rã, incontestavelmente o signo da mais antiga das divindades egípcias, que os egiptólogos, em vão, têm tentado descobrir o mistério e as funções da deusa. A "deusa rã ou sapo" era uma das principais divindades cósmicas relacionadas com a criação, por causa da natureza anfíbia desse animal e, principalmente, de sua aparente ressurreição depois de longos períodos de vida solitária, entocada em velhos muros, rochedos etc. Não só havia participado da organização do mundo, juntamente com *Nun*, mas estava também associada ao *dogma da ressurreição*. Devia haver alguma significação bem profunda e sagrada nesse símbolo para que os primeiros cristãos egípcios o adotassem em suas Igrejas, apesar do risco de serem acusados da prática de uma forma repugnante de zoolatria. Uma rã ou um sapo encerrado em uma flor de lótus, ou mesmo sem esse último emblema, foi a forma escolhida *para as lâmpadas das Igrejas*, em que estavam gravadas as palavras "Eu sou a ressurreição". Essas deusas-rãs se encontram também em todas as múmias.

Capítulo 8

A LUA: DEUS LUNUS, PHOEBE

Este símbolo arcaico é o mais poético de todos os símbolos e, ao mesmo tempo, o mais filosófico. Os antigos gregos conferiram-lhe um lugar preeminente, e é perene fonte de inspirações dos poetas modernos. A Rainha da Noite, percorrendo o céu com a majestade de sua luz sem igual, deixando tudo imerso na sombra, inclusive *Héspero*, e estendendo seu manto prateado sobre todo o mundo sideral, foi sempre o tema predileto de todos os poetas da cristandade, desde Milton e Shakespeare até os mais recentes vates. Mas a refulgente lâmpada da noite, com o seu séquito de estrelas inumeráveis, não falava senão à imaginação do profano. Até pouco tempo atrás, a Religião e a Ciência não se ocupavam desse mito tão cheio de beleza.

 No entanto, a fria e casta Lua tem com a Terra relações mais estreitas que qualquer outro globo sideral. O Sol é a fonte de vida de todo o sistema planetário, a Lua dá vida ao nosso globo, e as primeiras raças o sabiam e compreendiam, desde a sua infância. Ela é a Rainha e é também o Rei. Era o Rei Soma antes de se transformar em Febo e na casta Diana. É, acima de tudo, a divindade dos cristãos, que lhes veio por intermédio dos judeus mosaicos e cabalistas, embora tal coisa fosse ignorada pelo mundo civilizado durante muito tempo, precisamente desde que morreu o último pai da Igreja que era iniciado, levando consigo para o túmulo os segredos dos templos pagãos. Para alguns "pais", como Orígenes e Clemente de Alexandria, a Lua era o símbolo vivente de Jeová; era o dispensador da Vida e da Morte, o que dispõe da existência (em *nosso* Mundo). Pois, se Ártemis era *Luna* no Céu e, entre os romanos, era Diana na Terra, regendo os partos e a *vida*, entre os egípcios era *Hécate* no Inferno, a deusa da Morte, que governava a magia e os encantamentos. Mais ainda: como personificações da Lua, cujos fenômenos são triádicos, Diana-Hécate-Luna é *o três em um* porque ela é a *Diva triformis*, *tergemina*, *triceps* ["Deusa triforme, tripla de nascença, tricéfala"], três cabeças em um só pescoço, como *Brahmâ-Vishnu-Shiva*. Portanto, é o protótipo da nossa Trindade, a qual não foi sempre inteiramente masculina. O número 7, tão proeminente na *Bíblia* e tão sagrado durante o sétimo dia ou sábado, veio da Antiguidade aos judeus e tem sua origem no quádruplo 7 contido nos 28 dias do mês lunar, do qual cada parte septenária é representada por um quarto da Lua.

Não será demais apresentarmos aqui uma vista panorâmica sobre a origem e a evolução do mito e do *culto* na Antiguidade histórica do nosso lado do globo. Que seja mais antiga a filosofia religiosa egípcia ou a indo-ariana (a Doutrina Secreta afirma que é a última), pouco importa nesse caso, uma vez que os "cultos" lunar e solar são os mais antigos do mundo. Ambos sobreviveram e perduram ainda em nossos dias; para uns, abertamente; para outros, secretamente. O gato, símbolo lunar, era consagrado a Ísis, que, em certo sentido, era a Lua, assim como Osíris era o Sol, conforme se vê frequentemente na parte superior do sistro que a deusa tem na mão.

Muito pouco se sabe a respeito do culto lunar caldeu e do deus babilônico *Sin*, que os gregos chamavam "Deus Lunus"; esse pouco se presta a induzir em erro o estudante profano que deixar de aprender o significado esotérico dos símbolos. Era crença geral entre os filósofos e escritores profanos da Antiguidade – pois os que eram iniciados haviam jurado guardar silêncio – que os caldeus rendiam culto à Lua usando seus diferentes nomes *femininos* e *masculinos*, como também o fizeram posteriormente os judeus.

O magnetismo lunar gera a vida, conserva-a e a destrói, tanto psíquica como fisicamente. E se, do ponto de vista astronômico, a Lua é um dos sete planetas do mundo antigo, na teogonia é um de seus regentes, tanto entre os cristãos de hoje como entre os pagãos; para os primeiros, com o nome de um de seus arcanjos, e para os últimos, como um de seus deuses.

Nenhum símbolo, sem excetuar o do Sol, foi, em suas diversas significações, mais complexo que o símbolo lunar. O sexo era, naturalmente, duplo. Para uns, era varão, como o "Rei *Soma*" indiano e o *Sin* caldeu; para outros povos era feminino, como as formosas deusas Diana-Luna, Ilitiia, Luciana. Mas agora nos referimos principalmente a mais casta e pura das deusas virgens, Luna-Ártemis. Essa Ártemis Lochia, a deusa que presidia à concepção e ao parto, é, em suas funções e como tríplice Hécate, a divindade Órfica, predecessora do Deus dos rabinos e dos cabalistas pré-cristãos, e o seu tipo lunar. A deusa era a personificação simbólica dos sucessivos e diferentes aspectos apresentados pela Lua em cada uma de suas três fases.

Todo o enigma do culto solar e lunar, tal como é hoje apresentado nas igrejas, gira em torno daquele antigo mistério universal dos fenômenos lunares. As forças correlativas da "Rainha da Noite", que estão ainda latentes para a ciência moderna, mas que se acham em plena atividade para o saber dos adeptos orientais, explicam bem as mil e uma imagens por meio das quais a Lua era representada pelos antigos. Isso mostra também quanto os antigos eram mais profundamente versados nos mistérios selenitas que os nossos astrônomos modernos. Todo o panteão dos deuses e das deusas lunares, Nephthys ou Neith, Prosérpina, Melita, Cibele, Ísis, Astarte, Vênus e Hécate, de um lado, e Apolo, Dionísio, Adônis, Baco, Osíris, Átis, Tamuz etc., de outro, todos provam, com seus nomes e epítetos – de "Filhos" e "Esposos" de suas mães –, a sua identidade com a Trindade cristã. Em todos os sistemas religiosos os deuses fundiam em uma só as suas funções de Pai, Filho e Esposo, e as deusas eram identificadas como "Esposa, Mãe e Irmã" do Deus masculino. Os deuses sintetizavam os atributos humanos no "Sol, o dispensador da Vida"; as deusas fundiam todos os demais epítetos na grande síntese conhecida como Maia, Maya, Maria etc., nomes genéricos. Maia chegou a significar "mãe" entre os gregos, por derivação forçada da raiz *ma* (nutriz), e deu seu nome ao mês de Maio, que era consagrado a todas aquelas deusas antes de o ser a Maria. Sua origem primitiva, no entanto, era *Mâyâ, Durgâ*, que os orientalistas traduziram por "inacessível", mas que na verdade significa "*impossível de alcançar*", no sentido de ilusão e *não realidade*, fonte e causa dos encantamentos, personificação da ILUSÃO.

Nos ritos religiosos, a Lua servia a um duplo objetivo. Era personificada como uma deusa feminina para fins exotéricos ou como um deus varão nas alegorias e nos símbolos; e na filosofia esotérica era o nosso satélite considerado como uma Potência sem sexo que, pelo temor que inspirava, devia ser bem estudada. Para os iniciados ários, caldeus, gregos e romanos, *Soma, Sin, Ártemis-Soteira* (o Apolo hermafrodita que tem a lira por atributo, e a Diana de barba, com o arco e a flecha), *Deus Lunus* e, especialmente, Osíris-Lunus e Thot-Lunus eram potestades ocultas da Lua. Entretanto, macho ou fêmea, Thot ou Minerva, Soma ou Astoreth, a Lua é o mistério dos mistérios ocultos, é mais símbolo do mal que do bem. Suas sete fases, na divisão original esotérica, compõem-se de três fenômenos astronômicos e quatro fases puramente psíquicas. Nem sempre a Lua foi venerada, como o provam os Mistérios, em que a morte do deus lunar – isto é, as três fases de gradual aminguamento e o desaparecimento final – era alegorizada pela Lua como símbolo do *gênio do mal*, que, por um instante, triunfa sobre o deus produtor da luz e da vida, o Sol, sendo necessária toda a habilidade e sabedoria dos antigos Hierofantes em Magia para converter esse triunfo em derrota.

No culto mais antigo de todos, o dos Hermafroditas da *Terceira* Raça de nossa Ronda, a Lua *macho* se fez sagrada, quando, depois da chamada "Queda", houve a separação dos sexos. "Deus Lunus" passou então a ser andrógino, alternadamente macho e fêmea, e acabou sendo invocado nas *práticas de feitiçaria* como potência dual pela *Quarta* Raça-Raiz, a dos Atlantes. Com o advento da *Quinta* Raça-Raiz, que é a nossa, o culto lunar-solar dividiu as nações em dois campos antagônicos bem definidos e deu causa aos sucessos descritos éons mais tarde na epopeia do *Mahâbhârata*, a guerra entre os *Sûryavanshas* e os *Indovanshas*, que os europeus consideram *fabulosa*, mas que é histórica para os indianos e os ocultistas. O culto dos princípios masculino e feminino teve origem no aspecto duplo da Lua e acabou dividindo-se em dois cultos distintos, o do Sol e o da Lua.

Entre as raças semíticas, o Sol foi, durante muito tempo, *feminino*, e a Lua, masculina, sendo essa última noção procedente das tradições atlantes. A ignorância das razões iniciais de semelhante distinção e dos princípios ocultos conduziu os povos ao culto antropomórfico dos ídolos. As religiões de todas as nações antigas estavam, de início, baseadas nas manifestações ocultas de uma Força ou um Princípio puramente abstrato, a que hoje se dá o nome de "Deus". A própria instituição de tais cultos mostra, em seus pormenores e ritos, que os filósofos que deduziram esses sistemas da natureza, subjetiva e objetiva, eram detentores de um profundo saber e conheciam muitos fatos de cunho científico. Pois os ritos do culto lunar, à parte o seu lado estritamente oculto, baseavam-se, como acabamos de ver, no conhecimento da fisiologia, da psicologia, das matemáticas sagradas, da geometria e da metrologia, em sua correta aplicação aos símbolos e aos números, que nada mais são do que signos, para registro dos *fatos* naturais e científicos observados; em resumo, baseavam-se no mais minucioso e profundo conhecimento da natureza.

O magnetismo lunar gera a vida, conserva-a e a destrói. Os antigos ensinavam, digamos assim, a *auto*geração dos Deuses: a essência divina una, *não manifestada*, gerando perpetuamente um *segundo eu manifestado*, *segundo eu* que, andrógino por natureza, *faz nascer, de maneira imaculada*, todas as coisas macrocósmicas e microcósmicas deste universo.

Um dos capítulos de caráter mais oculto do *Livro dos mortos* é o capítulo 80, intitulado "A transformação no deus que dá luz na senda das Trevas", em que a "Mulher-luz da Sombra" serve a Thot em seu retiro na Lua. Diz-se que Thot-Hermes ali se esconde por ser o representante da Sabedoria Secreta. Ele é o logos manifestado na face luminosa da Lua e a divindade oculta ou "Sabedoria Obscura" quando se retira para o hemisfério oposto. Em alusão ao seu poder, a Lua proclama-se repetidamente a "Luz que brilha nas trevas", ou a "Mulher-Luz". Tornou-se, por isso, o símbolo aceito de todas as deusas Virgens-Mães. Do mesmo modo que os espíritos do "mal" lutaram contra a Lua nos tempos antigos, supõe-se que ainda o façam hoje, sem conseguir, no entanto, vencer a verdadeira Rainha do Céu: Maria, a Lua. Eis por que a Lua era tão intimamente associada, em todas as teogonias pagãs, ao Dragão, seu eterno inimigo. A Virgem, ou Madona, esmaga o Satã mítico assim representado, que jaz vencido e impotente aos seus pés. E isso porque a cabeça e a cauda do Dragão, que na astronomia oriental simbolizam, ainda hoje, os nodos ascendentes e descendentes da Lua, tinham por símbolos as duas serpentes.

Capítulo 9

O CULTO DA ÁRVORE, DA SERPENTE E DO CROCODILO

Os Ofitas[1] afirmavam que havia várias classes de gênios, de deuses a homens; que a relativa superioridade de cada um dependia do grau de luz que lhe era concedido; e diziam mais: que devíamos sempre render graças à serpente pelo extraordinário serviço que prestara à humanidade. Porque foi ela que ensinou a Adão que, se comesse do fruto da árvore da ciência do bem e do mal, sublimaria o seu ser pelo conhecimento e pela sabedoria assim adquiridos. Essa foi a razão exotérica dada.

É fácil ver de onde provém a ideia primitiva do caráter dúplice (semelhante ao de Jano) da Serpente: do bem e do mal. Esse é um dos símbolos mais antigos porque o réptil antecedeu à ave, e esta, ao mamífero. Daí se originou a crença, ou, antes, a superstição, das tribos selvagens, segundo a qual as almas de seus antepassados vivem na forma

---

[1] [O verbete no *Theosophical Glossary* (1891), 241, de Blavatsky, descreve os Ofitas como "uma fraternidade gnóstica do Egito e uma das primeiras seitas do gnosticismo, ou *Gnose* (Sabedoria, Conhecimento), conhecida como 'Fraternidade da Serpente'. Tendo florescido no início do século II, mantinha alguns dos princípios de Valentino, embora tivesse sua própria simbologia e seus próprios ritos ocultos. Em seus mistérios, era mostrada uma serpente viva, que representava o princípio de Christos (isto é, a Mônada divina reencarnada, e não Jesus, o homem), e era reverenciada como símbolo da sabedoria, Sophia, emblema do bem e do saber supremos".]

desse réptil, e também a generalizada associação entre a Serpente e a árvore. Inúmeras são as lendas sobre os vários significados da Serpente, mas, sendo alegóricas em sua maioria, passaram hoje a ser classificadas na categoria de *fábulas* baseadas na ignorância e na superstição obscurantista. Quando, por exemplo, Filóstrato contava que os naturais da Índia e da Arábia se alimentavam de coração e fígado de serpentes com a finalidade de aprender a linguagem de todos os animais, porque se dizia que a serpente gozava de tal faculdade, certamente nunca pensou que suas palavras seriam tomadas ao pé da letra. Como se verá mais de uma vez no curso desta obra, "Serpente" e "Dragão" eram os nomes que se davam aos "Sábios", os adeptos iniciados da Antiguidade. Seus conhecimentos e sua sabedoria eram devorados – ou assimilados – pelos discípulos, daí a razão da alegoria. Epifânio revela um segredo dos gnósticos ao tentar expor as *heresias* destes. Segundo ele diz, os gnósticos ofitas tinham uma razão para reverenciar a Serpente: *foi ela que ensinou os Mistérios aos homens primitivos*. Certamente; porém, proclamando esse dogma, eles não tinham em mente Adão e Eva no jardim, senão – e tão somente – o que acabamos de expor. Os *Nâgas* dos adeptos hindus e tibetanos eram *Nâgas* (Serpentes) humanos, e não répteis. Além disso, a Serpente foi sempre o símbolo da renovação, sucessiva ou periódica, da IMORTALIDADE e do TEMPO.

Como símbolo, a Serpente possuía tantos aspectos e significados ocultos quanto a própria Árvore, a "Árvore da Vida", à qual estava emblemática e quase indissoluvelmente associada. No princípio, quando sua existência era conjunta como signo do Ser Imortal, a Árvore e a Serpente eram imagens verdadeiramente divinas. A árvore estava *invertida*, e suas raízes nasciam no Céu, brotando da Raiz sem Raiz do todo-ser. Seu tronco cresceu e desenvolveu-se, atravessando os planos do Pleroma, projetou transversalmente os seus ramos exuberantes, primeiro no plano da matéria quase indiferenciada e, depois, para baixo, até chegarem ao plano terrestre. Essa é a razão por que se diz, no *Bhagavad Gîtâ* (15.1-2), que a árvore da Vida e da Existência, *Ashvattha*, sem cuja destruição não é possível a imortalidade, cresce com as raízes acima e os ramos embaixo.

As raízes representam o Ser Supremo ou a Causa Primeira, o LOGOS; mas é preciso ir além dessas raízes para *realizar a união com Krishna*, que, no dizer de Arjuna, é "maior que *Brahmâ*, é a Causa Primeira [...], o indestrutível, o que é, o que não é e o que está além deles" (11.37). Seus ramos principais são *Hiranyagarbha* (*Brahmâ* ou *Brahman* em suas manifestações mais elevadas), os mais altos *Dhyân-Chohans* ou *Devas*. Os *Vedas* são as suas folhas. Só aquele que for *além* das raízes não mais voltará, isto é, não se reencarnará durante esta "idade" de *Brahmâ*.

Foi só quando os seus ramos puros tocaram o lodo terrestre do jardim do Éden de nossa raça adamita que a Árvore se maculou com o contato, perdendo sua prístina pureza, e que a Serpente da Eternidade, o LOGOS nascido no céu, finalmente se degradou. Nos tempos remotos, na era das *Dinastias divinas* sobre a Terra, esse réptil hoje temido era considerado como o primeiro raio de luz surgido do abismo do Mistério divino. Várias foram as formas que lhe deram, numerosos os símbolos que lhe atribuíram, no perpassar dos éons e do Tempo Infinito *Kâla* caiu no espaço e no tempo da especulação humana. As formas eram cósmicas e astronômicas, teístas e panteístas, abstratas e concretas. Converteram-se ora no Dragão Polar, ora no Cruzeiro do Sul, o *Alfa Draconis* da Pirâmide e o Dragão indo-budista, que sempre ameaça o Sol em seus eclipses, sem jamais o engolir.

Até então, a Árvore permaneceu sempre verde, pois era regada pelas águas da vida; o grande Dragão continuou sempre divino enquanto se manteve dentro dos limites siderais. Mas a árvore cresceu, e seus ramos inferiores tocaram por fim as regiões infernais – nossa Terra. Então a grande serpente *Nidhogg* – aquela que devora os cadáveres dos pecadores na "Região da Desdita" (a vida humana), quando esses são mergulhados no "*Hvergelmir*", o caldeirão ardente (de paixões humanas) – começou a roer a Árvore do Mundo. Os vermes da materialidade cobriram as raízes, antes sadias e cheias de vitalidade, e então foram subindo cada vez mais pelo tronco; enquanto a cobra *Midgard*, enroscada no fundo dos Mares, circundava a Terra e, com o seu hálito venenoso, tornava-a incapaz de se defender.

Todos os dragões e as serpentes da Antiguidade possuem sete cabeças, "uma para cada raça, e cada cabeça carrega sete cabelos", segundo reza a alegoria. Sempre assim, desde *Ananta*, a Serpente da Eternidade, que conduz a Vishnu durante todo o *Manvantara*; desde o primeiro *Sesha*, o original, cujas sete cabeças se transformam em "mil cabeças" na fantasia purânica, até a Serpente acadiana de sete cabeças. Isso simboliza os Sete princípios em toda a natureza e no homem; e a cabeça mais alta, ou a do *meio*, é a sétima.

O DRAGÃO-LOGOS, de sete cabeças ou septenário, foi fracionado, por assim dizer, no decorrer dos séculos, em *quatro* partes heptanômicas ou 28 porções. Cada semana, no mês lunar, tem um caráter oculto diferente; cada dia dos 28 tem suas características especiais; porquanto cada uma das doze constelações, quer seja considerada separadamente ou em combinação com outros signos, exerce uma influência oculta, para o bem ou para o mal. Corresponde isso à soma de conhecimentos que o homem pode adquirir na Terra; contudo, são pouquíssimos os que chegam a adquiri-los, e ainda mais raros os sábios que atingem a raiz do conhecimento simbolizado pelo grande Dragão-Raiz, o LOGOS espiritual daqueles signos visíveis. Mas os que o alcançam recebem o nome de "Dragões" e são os "Arhats das Quatro Verdades das 28 Faculdades" ou atributos, e sempre foram chamados assim.

As lendas de todas as nações e tribos, selvagens ou civilizadas, relatam a crença, outrora universal, na grande sabedoria e astúcia das Serpentes. São "encantadoras". Hipnotizam o pássaro com seus olhos, e muitas vezes o próprio homem não consegue escapar à sua influência fascinante. O símbolo é, portanto, dos mais adequados. O crocodilo é o dragão egípcio. Era o símbolo duplo do Céu e da Terra, do Sol e da Lua, e foi consagrado a Osíris, a Ísis, em razão da sua natureza anfíbia. O crocodilo era, além disso, o símbolo do próprio Egito – no caso, do *baixo* Egito, por ser essa a região mais pantanosa.

Foi na Idade Média que a Serpente passou a ser o símbolo do mal e do Demônio. Os primeiros cristãos, assim como os gnósticos ofitas, tinham o seu Logos dual: a Boa e a Má Serpente, o *Agathodæmon* e o

Kakodæmon. Provam-no os escritos de Marcos, Valentino e muitos outros, e, sobretudo, o *Pistis Sophia*, documento que data, seguramente, dos primeiros séculos do cristianismo. A "Serpente Perfeita e Verdadeira" é o Deus de sete vogais que é, na crença atual, Jeová e Jesus *Uno com ele*. No *Pistis Sophia*, obra anterior ao *Apocalipse* de São João, e evidentemente da mesma escola, o candidato à iniciação é encaminhado por Christos a esse deus de Sete vogais. "Os Sete Trovões [A Serpente dos Sete Trovões] pronunciaram essas sete vogais", mas "[tu] guarda em segredo as coisas que os sete trovões falaram e não as escrevas", diz o *Apocalipse* (10:4). "Buscais estes mistérios?", pergunta Jesus no *Pistis Sophia* (§378). "Não há nenhum mistério melhor do que elas (as sete vogais), porque conduzirão vossas almas à Luz das Luzes", ou seja, à verdadeira sabedoria. "Nada há, portanto, mais excelente que os mistérios que buscais, exceto *o mistério das Sete Vogais* e seus *quarenta e nove Poderes*, bem como os seus respectivos números."

Na Índia, era esse *o mistério dos Sete* FOGOS e seus 49 fogos ou aspectos, ou "seus respectivos membros". Entre os budistas esotéricos da Índia, no Egito, na Caldeia etc. e entre os Iniciados de todos os países, essas sete vogais estão representadas pelos signos da Suástica nas coroas das sete cabeças da Serpente da Eternidade. São as Sete zonas da ascensão *post mortem* dos escritos herméticos, em cada uma das quais o "mortal" deixa uma de suas "Almas" (ou Princípios), até que, chegando ao plano que domina todas as zonas, ele aí permanece como grande Serpente sem Forma da sabedoria absoluta, ou a própria Divindade. A serpente de sete cabeças tem mais de um significado nos ensinamentos arcanos. É o *Dragão* de sete cabeças, cada uma das quais é uma estrela da Ursa Menor; mas é também, acima de tudo, a Serpente das Trevas (ou seja, inconcebível e incompreensível), cujas sete cabeças são os sete *Logos*, os reflexos da Luz una manifestada, o LOGOS universal.

Capítulo 10

DEMON EST DEUS *INVERSUS*

SATÃ sempre existiu como o "adversário", o Poder oposto exigido pelo equilíbrio e a harmonia das coisas da Natureza, assim como é necessária a sombra para fazer ressaltar a luz, a noite para dar maior *relevo* ao dia e é preciso o frio para que possamos apreciar ainda melhor o aconchego do calor. A homogeneidade é una e indivisível. Mas se o homogêneo Uno e Absoluto não é uma simples figura de retórica, e se o heterogêneo, em seu aspecto dualista, é o produto desse outro, sua sombra ou seu reflexo bifurcado, então até a Homogeneidade divina deve encerrar em si mesma tanto a essência do bem como a do mal. Se "Deus" é Absoluto, Infinito e Raiz Universal de tudo que existe na Natureza e no Universo, de onde provém o Mal ou o Demônio senão da própria "Matriz Áurea" do absoluto? Assim, ou temos que aceitar o bem e o mal, *Agathodæmon* e *Kakodæmon*, como ramos do mesmo tronco da Árvore da Existência, ou temos que nos resignar ao absurdo de crer em dois Absolutos eternos!

Sendo necessário investigar a origem da ideia remontando aos primórdios da formação da mente humana, é justo conceder-se ao Diabo proverbial o que lhe pertence. A Antiguidade não conhecia nenhum "deus do mal" isolado, que fosse completa e absolutamente mau. O pensamento pagão representava o bem e o mal como irmãos gêmeos, nascidos da mesma mãe, a Natureza; tão logo esse pensamento deixou de ser arcaico, a Sabedoria se converteu em filosofia. No princípio, os símbolos do bem e do mal eram meras abstrações, como a Luz e as Trevas; mais tarde, foram eles escolhidos entre os fenômenos cósmicos mais naturais e recorrentes, como o Dia e a Noite, o Sol e a Lua. Depois, passaram a representá-los pelas Legiões de divindades solares e lunares, contrapondo-se o Dragão das Trevas ao Dragão da Luz.

Na filosofia indiana, os *Suras* eram classificados entre os primeiros e mais resplandecentes dos deuses e somente passaram a *Asuras* quando foram destronados pela imaginação bramânica. Satã nunca revestiu forma antropomórfica e individualizada senão a partir do momento em que o homem criou "um deus pessoal *vivente*" – o que foi então uma necessidade inelutável. Era preciso inventar um responsável, um bode expiatório para explicar a crueldade, os erros e a injustiça por demais evidente daquele a quem se atribuía a perfeição, a misericórdia e a bondade absolutas. Foi essa a primeira consequência cármica de haver-se abandonado um panteísmo filosófico e lógico, para, em seu lugar, e à guisa de justificativa da preguiça humana, construir-se a figura de um "pai misericordioso no Céu". Daí surgiu a ideia dos gêmeos primordiais, *Osíris-Tífon*, *Ormazd-Ahriman* e, por último, Caim-Abel e o *tutti-quanti* dos opostos.

Quanto mais nos aprofundamos na obscuridade dos tempos pré-históricos, tanto mais filosófica exsurge a figura prototípica do último Satã. Para saber o que realmente é o grande "Impostor", basta investigar o assunto, *com os olhos abertos* e a mente livre de preconceitos, em todas as cosmogonias e escrituras da Antiguidade. É o *Demiurgo* antropomorfizado, o Criador do Céu e da Terra, quando separado das Legiões de seus companheiros de Criação, que ele representa e sintetiza, digamos assim. *Agora* é o Deus das *teologias*. "O desejo é o pai do pensamento." Acontece que um símbolo filosófico cedeu à perversa imaginação humana e logo tomou a forma de um Deus diabólico, enganador, astucioso e ciumento.

Como em outras partes desta obra nos ocupamos dos dragões e de outros anjos caídos, bastam aqui algumas palavras acerca do tão malsinado Satã. Deve o estudante ter ciência de que em todo o mundo, exceto nos países cristãos, o Demônio ainda hoje não é mais que o aspecto oposto na natureza dual do chamado Criador. Nada mais natural. Não se pode entender que Deus seja a síntese de todo o Universo, que seja Onipresente, Onisciente e Infinito e que, ao mesmo tempo, nada tenha a ver com o mal. Sendo a quota do mal muito maior que a do bem no mundo, segue-se, logicamente, que Deus ou deve abranger o mal e ser-lhe a causa direta ou deve renunciar a toda pretensão de ser absoluto. Os antigos tão bem o compreendiam que seus filósofos, hoje secundados pelos cabalistas, definiam o mal como o reverso de Deus ou do Bem: *Demon est* Deus *inversus* ["o Demônio é o avesso de Deus"] é um dos mais velhos adágios. Em verdade, o mal não é senão uma força cega e competidora na natureza; é *reação*, *oposição* e *contraste*: mal para uns, bem para outros. Não existe *malum in se* ["mal em si mesmo"]; o que há é a sombra da luz, sem a qual a luz não poderia existir, inclusive para nossa percepção. Se o mal desaparecesse, com ele desapareceria o bem da face da Terra.

Em toda parte as especulações dos cabalistas conceituam o Mal como uma FORÇA que é contrária, mas ao mesmo tempo essencial, ao Bem, dando-lhe existência e vitalidade que de outro modo não poderia ter. Não haveria *Vida* possível (no sentido *mayávico*) sem a *Morte*; regeneração e reconstrução sem a destruição. As plantas pereceriam com uma luz solar eterna, e o mesmo aconteceria ao homem, convertido em autômato, privado de seu livre-arbítrio e de sua aspiração a essa luz, o que já não teria razão de ser nem mérito algum se, para ele, existisse unicamente a luz. O bem só é infinito e eterno naquilo que para nós se acha eternamente oculto, e por isso é que o imaginamos eterno. Nos planos manifestados, um equilibra o outro. Mui poucos são os teístas crentes em um Deus pessoal que não fazem de Satã a sombra de Deus ou que, confundindo um com o outro, não julgam ter o direito de invocar seu ídolo para lhe pedir ajuda e proteção visando à impunidade de suas más e cruéis ações. "Não nos deixeis cair em tentação" é a oração que milhões de almas cristãs dirigem todos os dias ao "Pai nosso, que estais no Céu" e não ao Demônio. E o fazem repetindo as mesmas palavras que atribuem ao seu Salvador, sem atentar um instante sequer em que São Tiago, "o irmão do Senhor", condenou formalmente semelhante maneira de se expressarem: "Ninguém, ao ser tentado, diga: 'Sou tentado por Deus; porque Deus não pode ser tentado pelo mal, e ele mesmo a ninguém tenta'" (Tiago 1:13).

Na natureza humana, o mal não indica senão a polaridade da matéria e do espírito, a luta pela vida entre os dois Princípios manifestados no Espaço e no Tempo, princípios que são idênticos *per se*, por terem suas raízes no Absoluto. No Kosmos, deve o equilíbrio ser mantido. As operações dos dois contrários produzem harmonia, como as forças centrípeta e centrífuga, que, sendo interdependentes, são necessárias uma à outra, "a fim de que ambas possam subsistir". Se uma se detivesse, a ação da outra imediatamente se converteria em destruidora de si mesma.

Como a personificação chamada Satã foi amplamente analisada em seu tríplice aspecto – no Antigo Testamento, na teologia cristã e no modo de pensar dos antigos gentios –, os que desejarem saber mais sobre este assunto deverão dirigir-se ao volume 4 de *Ísis sem Véu*, capítulo X. Não foi sem boas razões que aqui tocamos neste ponto para dar algumas explicações novas. Antes de podermos chegar à evolução do homem físico e *divino*, importa que tenhamos, preliminarmente, uma ideia bem nítida da evolução cíclica, que nos ponhamos a par das filosofias e das crenças das quatro raças que precederam a nossa e que saibamos em que consistiam as ideias daqueles Titãs e Gigantes (gigantes, de verdade, tanto mental quanto fisicamente). Toda a Antiguidade estava impregnada daquela filosofia que prega a involução do espírito na matéria, a descida progressiva e cíclica ou a evolução ativa e consciente.

Os gnósticos de Alexandria divulgaram bastante o segredo das iniciações, e os seus anais se referem frequentemente à "queda dos *Éons*", em seu duplo sentido de Seres Angélicos e Períodos, sendo uns a evolução natural dos outros. Por outra parte, as tradições orientais estão igualmente repletas de alegorias sobre a queda do *Pleroma* ou a dos deuses e devas. Em todas elas, a QUEDA figura como alegoria do *desejo de aprender e de adquirir conhecimento* – do desejo de SABER. Esta é a consequência natural da evolução mental: o espiritual se transmuda em material ou físico. A mesma lei de descida na materialidade de reascensão à espiritualidade se afirmou durante a era cristã, e a reação não lhe pôs fim senão agora, em nossa *sub-raça* especial.

A origem da "Guerra no Céu" e da QUEDA, segundo acreditamos, deve certamente partir da Índia e remontar talvez a um período muito anterior ao das narrativas que os *Purânas* fazem sobre o assunto. Em quase todas as cosmogonias há referência a três guerras distintas. Segundo a Doutrina Esotérica, houve uma guerra antes da formação do sistema solar; outra, na Terra, quando da "criação" do homem; e uma terceira "guerra" no fim da Quarta Raça, entre os seus adeptos e os da Quinta Raça, isto é, entre os Iniciados da "Ilha Sagrada" e os Feiticeiros da Atlântida.

Quanto a saber se os brâmanes Iniciados darão a conhecer algum dia o pleno significado dessas alegorias, é questão que não diz respeito à autora deste livro. O objetivo que se propõe é demonstrar que nenhum filósofo, honrando os *Poderes criadores* em suas múltiplas formas, poderia aceitar – e jamais aceitou – a face exterior da alegoria como seu verdadeiro Espírito. É por isso que os ocultistas, e até alguns cabalistas, considerem ou não aquelas Forças criadoras *como Entidades vivas e conscientes* – e não vemos por que não possam ser aceitas como tais – jamais haverão de confundir a CAUSA com o efeito, nem tomar o Espírito da Terra por *Parabrahman* ou *Ain-Soph*. De qualquer modo, eles conhecem bem a verdadeira natureza do que os gregos chamavam Pai-Aether, Júpiter-Titã etc. Sabem que a alma da LUZ ASTRAL é divina, e que o seu corpo – as ondas de luz nos planos inferiores – é infernal. Essa Luz foi simbolizada no *Zohar* pela "Cabeça Mágica", a dupla Face sobre a dupla Pirâmide, erguendo-se a pirâmide negra sobre um campo de alvura imaculada, com *uma cabeça e uma face brancas dentro do seu triângulo negro*; a pirâmide branca invertida – reflexo da primeira nas águas escuras –, mostrando *o reflexo negro da face branca*.

Essa é a "Luz Astral", ou *DEMON EST* DEUS *INVERSUS*.

Capítulo 11

A TEOGONIA DOS DEUSES CRIADORES

Para a exata compreensão da ideia que constitui a base de todas as cosmologias antigas, faz-se necessário o estudo, em uma análise comparativa, de todas as grandes religiões da Antiguidade. Só por esse método pode evidenciar-se a ideia fundamental. A ciência exata, se lhe fosse possível elevar-se a tais alturas, remontando às fontes primeiras e originais das operações da natureza, daria a essa ideia o nome de hierarquia das Forças. A concepção original – transcendente e filosófica – era uma só. Mas como, no decorrer das idades, passaram os sistemas a refletir, cada vez mais, as idiossincrasias dos povos, e como estes, separando-se, vieram a formar grupos distintos, cada qual evolucionando a tendência particular de cada nação ou tribo, a exuberância da imaginação humana acabou por lançar, pouco a pouco, um véu sobre a ideia fundamental. Enquanto em alguns países eram tributadas honras divinas nem sempre pertinentes às FORÇAS, ou melhor, aos Poderes inteligentes da natureza, em outros – como na Europa de nossos dias e nos demais países *civilizados* –, a simples ideia de que tais FORÇAS sejam dotadas de inteligência é considerada absurda e declarada *anticientífica*.

Com o passar do tempo, o ensinamento arcaico foi se tornando mais obscuro; e essas nações perderam mais ou menos de vista o princípio supremo e Único de todas as coisas e começaram a transferir os atributos abstratos da "causa sem causa" aos efeitos produzidos, os quais por sua vez se converteram em causativos, ou seja, nos Poderes criadores do Universo: as grandes nações, pelo temor de profanarem a IDEIA; as menores, ou porque não puderam compreendê-la, ou porque não possuíam o grau de concepção filosófica necessário para conservá-la em toda a sua pureza imaculada. Mas todas elas, com exceção dos últimos arianos, que vieram a ser os europeus e cristãos de hoje, testemunham essa veneração em suas cosmogonias.

Conforme o assinala Thomas Taylor,[1] o mais intuitivo de todos os tradutores dos fragmentos gregos, nenhuma nação concebeu jamais o princípio Único como criador imediato do universo visível, pois nenhum homem de juízo são, ao admirar um edifício, pensará que foi construído pelas próprias mãos do arquiteto que o projetou. Segundo o testemunho de Damáscio, quando aludiam àquele princípio chamavam-no "as TREVAS Desconhecidas". Os babilônios guardaram silêncio a seu respeito. "A esse deus", diz Porfírio, "que está acima de todas as coisas, não se devem dirigir nem palavras articuladas nem pensamentos internos."[2] Hesíodo principia sua *Teogonia* com estas palavras: "O Caos foi criado antes de todas as coisas", dando assim a entender que a sua causa ou seu criador deve ser deixado em respeitoso silêncio. Homero, em seus poemas, não remonta além da *Noite*, que é reverenciada por Zeus. Todas as teologias da Antiguidade, assim como as doutrinas de Pitágoras e Platão, dizem que Zeus, ou o artífice imediato do universo, *não é o deus supremo*. Por tudo isso, Homero guarda silêncio, não só a

---

[1] [O entusiasmo de Mme. Blavatsky por Thomas Taylor contribuiu para resgatar suas obras do esquecimento. Taylor (1758-1835), tradutor das obras de Platão para o inglês, foi influenciado pelas interpretações dos neoplatônicos, cujas obras, juntamente com as de outros autores clássicos, ele também traduziu. Uma opinião a seu respeito, citada em uma nota de rodapé de *A Doutrina Secreta*, provavelmente refletia também a opinião dela própria: "Embora pudesse conhecer menos o grego que seus críticos, Thomas Taylor entendeu Platão muito melhor que eles." Isso corrobora a declaração do editor de *Isis Unveiled*, Alex Wilder, que, sendo ele próprio um admirador de Taylor, pode ter sido quem apresentou seus escritos a Mme. Blavatsky.]

[2] Porfírio, *Sobre a abstinência de alimentos de origem animal*, 2.34.

respeito do princípio primeiro, mas também quanto àqueles dois princípios que vêm imediatamente depois, o Aether e o *Caos* de Orfeu e de Hesíodo, e o *Finito* e o *Infinito* de Pitágoras e de Platão.

O primeiro princípio, ou melhor, o princípio ÚNICO, cra chamado o "círculo do Céu" e simbolizado pelo hierograma de um ponto dentro de um círculo ou de um triângulo equilátero, o ponto representando o LOGOS. A Mônada, ou ponto, é a origem e a unidade de onde decorre todo o sistema numérico. Esse Ponto é a Causa Primeira, mas AQUILO de que emana, ou, melhor, de que é a expressão ou o Logos, é deixado em silêncio. Por sua vez, o símbolo universal – o *ponto dentro do círculo* – não era ainda o Arquiteto, mas a causa do Arquiteto; e o último estava para com essa causa precisamente na mesma relação que o ponto para com a *circunferência* do Círculo, relação que, segundo Hermes Trismegisto, não pode ser definida. Porfírio mostra que a Mônada e a Díada de Pitágoras são idênticas ao *infinito* e ao *finito* de Platão. Segundo Pitágoras, a MÔNADA retorna ao silêncio e às Trevas tão logo desenvolve a *tríade*, da qual emanam os sete números restantes dos 10 (dez) que são a base do universo manifestado.

A melhor definição metafísica da teogonia primitiva, segundo as ideias dos vedantinos, encontra-se nas "Notes on the *Bhagavad-Gita*", de T. Subba Row. *Parabrahman*, o desconhecido e o incognoscível, como expõe o conferencista a seus ouvintes: "não é o Ego, não é o *não ego*, nem tampouco a consciência […] e não é *Âtma* sequer. […] [Mas], não sendo em si mesmo um objeto de conhecimento, é, todavia, capaz de dar lugar e apoio a toda espécie de objeto e a toda espécie de existência que possa ser objeto de conhecimento. […] [É] a essência una, da qual vem à existência um centro de energia", que ele chama *Logos*.[3]

Os cabalistas hebreus apresentam a ideia de um modo que, esotericamente, é idêntico ao vedantino. Ensinam que AIN-SOPH, embora seja a causa sem causa de tudo, não pode ser compreendido nem localizado nem nomeado. E daí o seu nome AIN-SOPH, que é um termo de

---

[3] [*The Theosophist*, fevereiro de 1887, 302-03.]

negação: "o inescrutável, o incognoscível e o inominável." Fazem dele, portanto, um círculo sem limites, uma esfera, da qual a inteligência humana, em seu maior alcance, não pode perceber senão a curvatura.

Esse grande círculo, que o esoterismo oriental reduz ao ponto no Círculo sem Limites, é *Avalokiteshvara*, o *Logos* ou *Verbum* a que se refere Subba Row. Mas esse círculo ou Deus manifestado é tão desconhecido para nós, salvo por meio de seu universo *manifestado*, quanto o é o UNO, embora seja mais fácil, ou, melhor, menos difícil concebê-lo em nossos mais elevados pensamentos. Esse Logos que jaz adormecido no seio de Parabrahman durante o *Pralaya*, assim como o nosso "*Ego* está latente [em nós] durante o *sushupti* ou sono"; que não pode conhecer a Parabrahman senão como *Mûlaprakriti* (que é um véu cósmico formado pela "potente expansão da matéria cósmica"); é, por conseguinte, só um órgão da criação cósmica, por meio do qual se irradiam a energia e a sabedoria de Parabrahman, *desconhecido para o Logos como o é para nós*. E sendo o Logos tão desconhecido para nós quanto Parabrahman o é para ele, tanto o esoterismo oriental como a *Cabala*, com a finalidade de levar, porém, o Logos ao alcance de nossas concepções, resolveram a síntese abstrata em imagens concretas, isto é, nos reflexos ou aspectos múltiplos do Logos, ou *Avalokiteshvara*, *Brahmâ*, *Ormazd*, *Osíris*, *Adão Kadmon*, ou outro nome que se queira dar-lhe; aspectos ou emanações manvantáricas que são os *Dhyân-Chohans*, os *Elohim*, os *Devas*, os *Amshaspends* etc.

Há, no entanto, dois aspectos distintos no esoterismo universal, oriental e ocidental, em todas as personificações do Poder *feminino* na natureza: a natureza *numênica* e a *fenomênica*. Um é o seu aspecto puramente metafísico; o outro é terrestre e físico, e ao mesmo tempo *divino*, do ponto de vista da concepção prática humana e do Ocultismo. São todos símbolos e personificações do *Caos*, o "Grande Abismo" ou as Águas Primordiais do Espaço, o VÉU impenetrável entre o INCOGNOSCÍVEL e o Logos da Criação. Os Logos femininos são correlações, em seu aspecto *numênico*, de Luz, Som e Éter, o que denota como os antigos estavam bem informados, tanto em ciência física, tal qual é hoje conhecida dos modernos, quanto no tocante à origem dessa ciência nas esferas Espiritual e Astral. Tais personificações e alegorias podem ser estudadas por *quatro* aspectos principais e três secundários, ou *sete* ao todo, como no Esoterismo.

A Divindade, o Logos, era, para Pitágoras, o *centro da unidade* e a "Fonte da Harmonia". Dizemos que essa Divindade era o *Logos*, e não a MÔNADA que habita na Solidão e no Silêncio, porque Pitágoras ensinava que a UNIDADE, sendo indivisível, *não é um número*. Essa é também a razão por que se exigia do candidato à admissão na escola pitagórica a condição de já haver estudado, como preparação preliminar, as ciências da Aritmética, Astronomia, Geometria e *Música*, consideradas as quatro divisões da Matemática. Explica-se igualmente por que afirmavam os pitagóricos que a doutrina dos Números, a mais importante do Esoterismo, fora revelada ao homem pelas divindades celestes; que o mundo fora invocado do Caos pelo Som ou pela Harmonia e construído de acordo com os princípios da proporção musical; que os sete planetas que regem o destino dos mortais têm movimento harmonioso e "intervalos que correspondem aos diastemas musicais, produzindo sons vários tão perfeitamente acordes que deles resulta a mais suave melodia, inaudível para nós exclusivamente graças à magnitude do som, que o nosso ouvido é incapaz de perceber".[4]

No começo de cada ciclo de 4.320.000, os *Sete* (ou, como pretendem algumas nações, os oito) grandes deuses desceram para estabelecer a nova ordem de coisas e dar impulso ao novo ciclo. Esse *oitavo* deus era o *Círculo* unificador ou LOGOS, separado e posto à parte de sua legião. Conforme consta de um Comentário, "Os PODEROSOS, cada vez que penetram em nosso véu mayávico (a atmosfera), executam as suas grandes obras e deixam atrás de si monumentos imperecíveis, que são marcos da sua visita".

Uma coisa fica, assim, demonstrada de maneira insofismável. Quanto mais estudamos as Hierarquias desses deuses e apuramos a sua

---

[4] Censorino, *On the Day of Birth*, 13.

identidade, mais provas nós obtemos de que não existe, entre os deuses *pessoais*, passados ou presentes, conhecidos desde os primeiros dias da história, um só que não pertença ao terceiro período da manifestação cósmica. Em todas as religiões encontramos a divindade oculta, formando a base fundamental; depois o raio que, dela emanado, cai na matéria cósmica primordial (primeira manifestação); em seguida, o produto andrógino, a Força dupla abstrata, Macho e Fêmea, personificada (*segunda* fase); finalmente, essa Força se separa, na *terceira* fase, em sete Forças, denominadas os Poderes criadores em todas as antigas religiões, e as "Virtudes de Deus" no cristianismo. Essas qualificações metafísicas abstratas, tais como explicadas, não impediram a Igreja romana nem a Igreja grega de render culto a essas "Virtudes", personificando-as sob os diferentes nomes dos sete Arcanjos.

Por enquanto basta demonstrar, com alguns exemplos, a veracidade do que afirmamos no início desta obra, ou seja, de que nenhuma Cosmogonia em todo o mundo, excetuada unicamente a dos cristãos, atribuiu jamais à causa Única Suprema, ao Princípio UNIVERSAL Divino, a criação imediata de nossa Terra, do homem ou algo relacionado com um e outra. Tal asserto se aplica tanto à *Cabala* hebraica ou caldeia quanto ao *Gênese*, se é que esse foi algum dia inteiramente compreendido e, o que é ainda mais importante, corretamente traduzido. Em toda parte ou há um LOGOS – uma "*Luz* que brilha nas TREVAS", em verdade – ou o Arquiteto dos Mundos está, esotericamente, no plural.

Desse modo, tendo a doutrina Esotérica fornecido e feito vibrar a nota fundamental – que, em sua forma alegórica, como se pode ver, é tão científica quanto filosófica e poética –, todas as nações seguiram o mesmo caminho. Antes de nos abeirarmos das verdades esotéricas, devemos pesquisar a ideia fundamental que jaz no fundo das religiões exotéricas, se desejarmos evitar que as primeiras sejam rejeitadas. Além disso, todos os símbolos, em *todas* as religiões nacionais, podem ser interpretados esotericamente; e a prova de sua correta interpretação está na extraordinária concordância que se observa em todos eles, quando traduzidos em seus números e em suas formas geométricas correspondentes, por mais que os signos e símbolos possam variar exteriormente entre si. Porque, em sua origem, todos esses símbolos eram idênticos.

O esoterismo oriental jamais rebaixou a Divindade Una e Infinita, que contém todas as coisas, a semelhantes usos; e isso se demonstra pela ausência de *Brahmâ* no *Rig Veda* e pelas modestas posições que nessa obra ocupam *Rudra* e *Vishnu*, os quais, muitos séculos depois, se converteram nos grandes e poderosos deuses, os "Infinitos" dos credos exotéricos. Mas eles mesmos – apesar de os três serem "Criadores" – não são os "Criadores" e "antecessores diretos dos homens". Vemos ali que esses antecessores ocupam uma posição ainda menos elevada na escala e são chamados *Prajâpatis*, *Pitris* (nossos antepassados lunares) etc., mas nunca o "Deus Uno e Infinito". A filosofia esotérica apresenta somente o homem *físico* como criado *à imagem* da Divindade; Divindade essa, aliás, que não representa mais que os *"deuses menores"*. O EU SUPERIOR, o EGO verdadeiro, é o único que é divino, que é DEUS.

Capítulo 12

AS SETE CRIAÇÕES

Em quase todos os *Purânas* se encontram as Sete Criações. São todas precedidas por aquilo que Horace Hayman Wilson traduz [no *Vishnu-Purâna*] como "o Princípio contínuo", o Espírito absoluto independente de toda relação com os objetos dos sentidos. São elas: (1) a Alma Universal, a Inteligência Infinita ou Mente Divina; (2) a criação elemental, a primeira diferenciação da Substância contínua universal; (3) a evolução orgânica. "Essas três foram as criações *Prâkrita*, os *desenvolvimentos da natureza contínua*, precedidos do princípio contínuo";[1] (4) a criação fundamental (das coisas perceptíveis) foi a dos corpos inanimados; (5) foi a dos animais; (6) a das divindades;[2] (7) foi a do homem.

Essa é a ordem apresentada nos textos *exotéricos*. Segundo a doutrina esotérica, há sete "criações" primárias e sete secundárias; as primeiras são as Forças que *evolucionam por si mesmas*, procedentes da

---

[1] *Vishnu Purana*, livro 1, capítulo 5, trad. de H. H. Wilson, 1:74.

[2] Como é possível que as "divindades" tenham sido criadas *depois* dos animais? A significação esotérica da expressão "animais" é: os *germes de toda vida animal*, inclusive o homem. O homem é chamado o *animal sacrificial*, isto é, o único da criação animal que oferece sacrifícios aos deuses. *Além disso*, muitas vezes, quando se fala nos textos sagrados de "animais sagrados", quer-se fazer alusão aos doze signos do zodíaco, como já tivemos oportunidade de mencionar.

FORÇA una *sem causa*; as últimas nos mostram o universo manifestado emanando dos elementos *divinos* já diferenciados.

Tanto esotérica quanto exotericamente, todas as Criações acima enumeradas representam os (7) períodos da Evolução, seja depois de uma "Idade", seja depois de um "Dia" de *Brahmâ*. Esse é por excelência o ensinamento da Filosofia Oculta, que, no entanto, jamais emprega o termo "criação" nem mesmo "evolução", "quando se refere à 'criação' *primária*"; mas denomina todas essas *forças* de os "*aspectos* da Força sem Causa".

Na *Bíblia*, os sete períodos são reduzidos aos seis dias da criação, com o sétimo *dia* de repouso; e os ocidentais se atêm à letra. Na filosofia indiana, quando o Criador ativo produziu o mundo dos deuses, os *germes* de todos os elementos indiferenciados e os rudimentos dos sentidos futuros – em uma palavra, o mundo dos númenos –, o Universo permaneceu inalterado durante um "Dia de *Brahmâ*", um período de 4.320.000.000 de anos. Esse é o *sétimo* período, o período passivo ou o "sabá" da filosofia oriental, que sucede aos seis períodos de evolução ativa. Eis o que se diz no primeiro livro de Manu: "No fim de cada noite (pralaya), *Brahmâ*, que estava adormecido, desperta e, *pela simples energia do movimento*, FAZ emanar de *si mesmo* o espírito, que, em sua essência, é e contudo não é."[3]

No *Sepher Yetzirah*, o Livro da Criação cabalístico, consta que a Substância Divina existiu, só, ilimitada e absoluta, desde a eternidade e que fez emanar de si mesma o Espírito. "Uno é o Espírito do Deus vivo, bendito seja o seu Nome, que vive eternamente! Voz, Espírito e Verbo: eis o Espírito Santo." Essa é a Trindade cabalística abstrata, com tão pouco respeito antropomorfizada pelos pais cristãos. Dessa tríplice UNIDADE emanou todo o Kosmos. Do UNO emanou, primeiro, o número DOIS, ou o Ar, o elemento criador; em seguida, o número TRÊS, a *Água*, procedeu do ar; o *Éter* ou *Fogo* completa o quatro místico, o *Arba-il*. Na doutrina oriental, o Fogo é o primeiro Elemento – o *Éter* sintetiza todos, pois a todos contém.

---

[3] *Laws of Manu* 1.74.

Depois que o espírito impregnou até o mais ínfimo dos átomos dos sete princípios do Kosmos, teve início então a *segunda* criação, que sucede ao período de repouso já mencionado acima. Principiando com o metafísico e o supra-humano, essa criação se encerra graças à natureza física e à puramente humana do Kosmos e do homem. A Criação *Primária* é chamada a *Criação da Luz* (Espírito), e a Criação *Secundária*, a das Trevas (matéria) – não confundir com as "Trevas" pré-cósmicas, o TODO Divino. Ambas podem ser vistas no *Gênese* 1:2 e também no começo do capítulo 2. A primeira é a emanação dos deuses (Elohim) nascidos *por si mesmos*; a segunda é a da natureza física.

Na Índia, as criações eram descritas do seguinte modo:

(I) A primeira criação, *Mahat-tattva*, foi assim denominada porque foi a autoevolução primordial do que devia se converter em *Mahat*, a "MENTE divina, consciente e inteligente"; esotericamente, o "*espírito* da alma Universal". Exotericamente, contudo, essa manifestação é a *obra* do "Uno Supremo" (isto é, um *efeito* natural de uma Causa Eterna). A filosofia esotérica o interpreta como "a LEI que atua". Ensina a doutrina esotérica que os *Dhyân-Chohans* representam a expressão coletiva da Inteligência divina ou *mente* primordial, e que os primeiros *Manus*, as sete Inteligências Espirituais, "nascidas da mente", são idênticos àqueles.

(II) A segunda Criação, ou "*Bhûta*", foi a dos princípios rudimentares ou *Tanmâtras*, por isso é chamada a criação elementar. É o período do primeiro sopro de diferenciação dos Elementos *pré-Cósmicos*, ou a matéria. No *Vishnu-Purâna* se diz que prossegue juntamente com o tríplice aspecto de *Ahamkâra*, a que pertence, sendo traduzida essa palavra como *Egoísmo*, mas significando antes este termo intraduzível: "o sentimento do EU SOU" – que advém primeiro de *Mahat*, ou mente divina; o primeiro e vago esboço da Individualidade, pois o *Ahamkâra* "puro" se torna "apaixonado" e finalmente "rudimentar" (inicial); ele é "a origem de todo ser, tanto consciente quanto *inconsciente*", apesar de a escola esotérica rejeitar a ideia de existir algo que seja "inconsciente", salvo neste plano (o nosso) de ilusão e ignorância. Durante esse período da Segunda Criação, surge a hierarquia dos *Manus*, os *Dhyân-Chohans* ou Devas, que são a origem da Forma. Em linguagem astronômica e cosmogônica, essa Criação se refere ao Período da *Névoa de Fogo*, a primeira fase da Vida Cósmica depois de seu estádio Caótico, quando os átomos saem de *Laya*.

(III) A terceira Criação (ou criação *Indriya*) foi a forma modificada de *Ahâmkara*, a sensação do "Eu", chamada a Criação orgânica ou criação dos sentidos. "Essas três foram as criações *Prâkrita*, os desenvolvimentos (distintos) da natureza contínua, precedidos do princípio contínuo."[4] A expressão "precedidos de" devia ser aqui substituída por "começando por" Buddhi, pois esse último não é uma *quantidade* distinta nem *indistinta*, mas participa da natureza de ambos os aspectos, assim no homem como no Kosmos. Unidade ou MÔNADA humana no plano da ilusão, *Buddhi*, uma vez livre das três formas de *Ahâmkara* e de seu *Manas* terrestre, passa verdadeiramente a ser uma quantidade contínua, tanto em duração como em extensão, porque é eterno e imortal. Essa "criação" dos imortais, ou "*Devasarga*", foi a última da primeira série e tem uma significação universal; refere-se à evolução em geral, e não especificamente ao nosso *Manvantara*, pois esse principia sempre da mesma forma, mostrando assim que diz respeito a vários e distintos *Kalpas*.

(IV) A quarta criação é a criação *Mukhya*, ou Primária, porque é a primeira da série de quatro. Nem as palavras corpos "inanimados" nem a de coisas *imóveis*, que Wilson emprega em sua tradução, dão uma ideia correta dos termos sânscritos usados. Não é somente a filosofia esotérica que repele a ideia de átomos *inorgânicos*; também o faz o hinduísmo ortodoxo. *Mukhya* é a "criação" ou evolução orgânica do reino vegetal. Nesse Período *secundário*, os três graus dos reinos Elementais ou Rudimentares são desenvolvidos neste mundo e correspondem, em ordem *inversa*, às três criações *Prakríticas*, durante o período primário da atividade de *Brahmâ*.

---

[4] *Vishnu Purana*, livro 1, capítulo 5, trad. de H. H. Wilson, 1:74.

(V) A quinta criação é a criação *Tiryaksrotas* (ou *Tairyagyonya*), dos "animais (*sagrados*)", que na Terra corresponde exclusivamente à criação dos animais mudos. O que se entende por "animais" na Criação *primária* é o germe da consciência que desperta ou *apercepção*, aquilo que se pode observar vagamente em algumas plantas sensitivas da Terra e mais distintamente na monera *protista* (nem planta nem animal, mas uma existência que participa dos dois). Em nosso globo, durante a Primeira Ronda, a "criação" animal precede a do homem, ao passo que, em nossa Quarta Ronda, os mamíferos evolucionam do homem no plano físico. Na Primeira Ronda, os átomos animais são levados a uma coesão e tomam a forma humana física, mas na Quarta Ronda ocorre o contrário, de acordo com as condições magnéticas desenvolvidas durante a vida. Essa quinta fase da evolução, chamada exotericamente "Criação", pode considerar-se, tanto no período Primário quanto no Secundário, como sendo, em um, Espiritual e Cósmico, e no outro, material e *terrestre*. É durante esse período da Evolução que o movimento *absolutamente eterno* e universal, ou vibração, aquilo que na linguagem esotérica se chama o "GRANDE SOPRO", se diferencia para tornar-se o ÁTOMO primordial, o primeiro manifestado.

(VI) A sexta criação é chamada *Ûrdhvasrotas*, ou a criação das divindades. Mas essas divindades são apenas os protótipos da Primeira Raça, os pais de sua progênie de ossos *brandos*, "nascida da mente". Após a sexta "Criação", e para encerrar a "*Criação*" em geral, vem finalmente:

(VII) A sétima criação: a evolução dos "seres *Arvâksrotas*, que foi a do homem".[5]

A "oitava criação", a que se tem feito referência, não é absolutamente uma *Criação*; é mais um *véu*, pois diz respeito a um processo puramente mental, ao conhecimento da "nona" criação, que, por sua vez, é um efeito que se manifesta durante a criação *secundária* do que foi uma "Criação" durante a Criação *Primária*. Assim, a *Oitava* é "a criação da qual *temos uma noção*" (em seu aspecto esotérico) e "à qual

---

[5] *Vishnu Purana*, livro 1, capítulo 5, trad. de H. H. Wilson, 1:75.

damos um consentimento intelectual, por oposição à *criação orgânica*". É a percepção correta de nossas relações com toda a série de "deuses" e principalmente das relações que temos com os *Kumâras*, a suposta "Nona Criação", que na realidade é um aspecto, ou reflexo, da sexta em nosso *Manvantara*.

"Há uma *nona* (criação), a Criação *Kumâra*, que é ao mesmo tempo primária e secundária", diz o *Vishnu-Purâna*, o mais antigo dos textos do gênero. Segundo explica um texto *esotérico*, "Os *Kumâras* são os *Dhyânis*, imediatamente derivados do Princípio Supremo, que reaparecem durante o período de *Vaivasvata Manu*, pelo progresso da humanidade". Os *Kumâras* são, assim, exotericamente, "a criação de *Rudra* ou *Nilalohita* (uma das formas de *Shiva*) por *Brahmâ* [...] e de alguns outros filhos nascidos da mente de *Brahmâ*". No ensinamento esotérico, porém, são os progenitores do verdadeiro EU espiritual no homem físico, os *Prajâpatis* superiores, enquanto os *Pitris*, ou *Prajâpatis* inferiores, não são mais que os *pais* do modelo, ou do tipo de sua forma física, feito "à imagem *deles*".

Quatro (e às vezes *cinco*) são livremente mencionados nos textos exotéricos, sendo secretos três dos *Kumâras*. Os quatro exotéricos são: *Sanatkumâra, Sananda, Sanaka* e *Sanâtana*; e os três esotéricos: *Sana, Kapila* e *Sanatsujâta*. Chamamos especialmente a atenção para essa classe de *Dhyân-Chohans*, por ser aqui que se encontra o mistério da geração e da hereditariedade do qual vimos um resumo no comentário à Estância VII [na parte I, sobre as Quatro Ordens de Seres Celestes].

Entre todas as sete grandes divisões dos *Dhyân-Chohans*, ou Devas, não há nenhuma que se relacione mais com a humanidade do que a dos *Kumâras*. Os *Kumâras*, os "Filhos nascidos da mente" de *Brahmâ-Rudra* (ou *Shiva*), em linguagem mística, o terrível e implacável *destruidor das paixões humanas e dos sentidos físicos*, que sempre estavam presentes no desenvolvimento das percepções espirituais superiores e no crescimento do homem *interno* e eterno, são a progênie de *Shiva*, o *Mâhâyogi*, o grande patrono de todos os yogues e místicos da Índia. Os *Kumâras* são, pois, os "Ascetas Virgens", que se negam a criar o ser *material* HOMEM.

Capítulo 13

OS QUATRO ELEMENTOS

Metafísica e esotericamente não existe senão UM ELEMENTO na natureza, e em sua raiz está a Divindade. Os chamados *sete* elementos, dos quais cinco já se manifestaram e afirmaram sua existência, não passam da vestimenta, *do véu dessa divindade*, de cuja essência o HOMEM provém diretamente, quer seja considerado do ponto de vista físico, psíquico, mental ou espiritual. Em tempos não muito remotos, se aludia geralmente a somente quatro elementos; no entanto, na filosofia se admitem cinco. O corpo do éter não se acha inteiramente manifestado, e seu númeno é ainda o "Pai-Aether Onipotente, a síntese dos outros". Mas que são esses "ELEMENTOS", cujos corpos compostos contêm, segundo a descoberta da Química e da Física, inúmeros subelementos?

Fogo, Ar, Água e Terra eram somente o revestimento visível, os símbolos das Almas ou dos Espíritos invisíveis que a tudo animavam; os deuses Cósmicos, aos quais o homem ignorante prestava culto, e o sábio, um simples mas respeitoso reconhecimento. As subdivisões *fenomênicas* dos Elementos *numênicos* eram, por seu turno, animadas pelos chamados Elementais, os "Espíritos da Natureza" de grau inferior. Para os filósofos herméticos, são FORÇAS *relativamente* "cegas" ou "*inteligentes*", conforme se trate de um ou outro de seus princípios. Transcorridos milhares de anos, vemos essas forças finalmente reduzidas, em nosso culto século, à condição de simples elementos químicos.

De onde vieram os quatro elementos? A sua origem é idêntica à dos deuses Cósmicos de todas as nações. Os símbolos que os representam, tenham nascido nas margens dos Oxus, nas areias ardentes do Alto Egito, nas misteriosas e selvagens florestas glaciais que cobrem os sopés e os cumes nevados das montanhas sagradas da Tessália, ou ainda nos *pampas* da América, esses símbolos, repetimos, quando remontamos à sua origem, são sempre os mesmos. Fosse egípcio ou pelásgio, ariano ou semítico, o *genius loci*, o deus local, abrangia em sua unidade toda a natureza; não se restringia aos quatro elementos e tampouco a qualquer uma de suas criações, como as árvores, os rios, as montanhas ou as estrelas.

Como deuses do Fogo, do Ar e da Água, eram deuses *celestes*; como deuses da *região inferior*, eram divindades *infernais*, mas este último adjetivo aplicava-se exclusivamente à *Terra*. Eram "Espíritos da Terra", com os nomes respectivos de Yama, Plutão, Osíris, o "Senhor do reino inferior" etc., e o seu caráter telúrico o demonstra suficientemente. Os antigos não tinham conhecimento de nenhum lugar que, depois da morte, fosse pior que o *Kâma-Loka*, o *limbo* da Terra.

Essa força e essa natureza cósmica criam o símbolo específico terrestre, cuja estrutura física e material demonstra que a Energia se manifesta por seu intermédio como *extrínseca*. Porque a religião primitiva era algo mais e melhor que uma simples preocupação quanto aos fenômenos físicos; e princípios, mais elevados que os conhecidos por nós, saduceus modernos, "estavam ocultos sob o transparente véu de divindades puramente naturais como o trovão, o vento e a chuva". Os antigos conheciam e podiam distinguir os elementos *corpóreos* dos *espirituais* nas forças da natureza.

A tradição fala de uma gruta, uma vasta caverna nos desertos da Ásia Central, em cujas quatro aberturas ou fendas, que parecem naturalmente situadas transversalmente aos quatro pontos cardeais, a luz penetra. Desde o meio-dia até uma hora antes do pôr do sol, a luz passa por elas em quatro cores diferentes que, segundo se diz, são o vermelho, o azul, o laranja-dourado e o branco, por efeito de condições, naturais ou artificiais, da vegetação e do solo. A luz converge no centro, ao redor de uma coluna de mármore branco na qual se apoia um globo que representa a Terra. Chamam-na a "gruta de *Zaratustra*".

A Quarta Raça, a dos Atlantes, incluía entre suas artes e ciências a manifestação fenomenal dos quatro elementos que assumia assim um caráter científico, sendo com razão atribuída à intervenção inteligente dos deuses Cósmicos. A *magia* dos antigos sacerdotes consistia, naqueles tempos, em invocar *seus deuses na própria língua destes*. "A língua dos homens da Terra não pode alcançar os Senhores. A cada um destes é preciso falar na língua de seu respectivo elemento." Assim diz o "Livro das Leis", em uma sentença que, como se verá, encerra um sentido profundo, e acrescenta uma explicação quanto à natureza da língua dos *Elementos*: "Ela se compõe de *sons*, não de palavras; de sons, números e formas. Aquele que souber combinar os três atrairá a resposta do Poder dirigente" (o deus regente do elemento específico a que se recorre). Essa "língua" é, portanto, a dos *encantamentos* ou dos MANTRAS, como esses são chamados na Índia, sendo o som *o agente mágico mais poderoso e eficaz, e a primeira das chaves que abrem as portas de comunicação entre os Mortais e os Imortais*.

Tão bem conheciam os antigos esses poderes que, ocultando sua verdadeira natureza em alegorias diversas, em benefício ou detrimento das massas ignorantes, jamais se afastavam do objetivo múltiplo que tinham em mente quando os confundiam intencionalmente. Resolveram lançar um espesso véu sobre o núcleo da verdade oculto pelo símbolo, mas procuraram sempre conservar esse símbolo como um *sinal* para as futuras gerações, com suficiente transparência para permitir que os seus sábios discernissem a verdade por trás da aparência fabulosa do mito ou da alegoria. Esses sábios da Antiguidade são acusados de *superstição* e *credulidade*, e isso pelas mesmas nações que, embora instruídas em todas as artes e ciências modernas, cultas e sábias em sua geração, aceitam ainda em nossos dias como seu único Deus, vivo e infinito, o antropomórfico "Jeová".

O que acabamos de descrever não é uma defesa aos deuses pagãos nem um ataque ao deus cristão; nem tampouco fé ou crença em qualquer deles. A autora é totalmente imparcial e rejeita o testemunho em favor de uns ou de outros, porque não faz orações a nenhum deus "pessoal" e antropomórfico daquela espécie, não crê em nenhum deles nem os teme. Traça simplesmente o paralelo como mais uma curiosa mostra do cego e ilógico fanatismo do teólogo civilizado. Porque, até agora, não se observa grande diferença entre as duas crenças, e não há nenhuma em seus respectivos efeitos sobre a *moralidade* ou sobre a natureza espiritual. A "luz de Cristo" resplandece hoje sobre os mesmos repugnantes aspectos do homem animal, como o fazia na Antiguidade a "luz de Lúcifer".

Para finalizar, lembramos ao leitor que se pode, sem a menor sombra de superstição, acreditar na natureza dual de todos os objetos existentes sobre a Terra, na natureza espiritual e material, visível e invisível; e que a própria ciência o comprova praticamente, contradizendo suas afirmações. Pois, como diz Sir William Grove, se a eletricidade que manejamos não é senão o *resultado* da atuação, sobre a matéria ordinária, de algo *invisível* – o "poder gerador *último*" de toda Força, a "*influência única onipresente*" –, nada mais natural que compartilhar a crença dos antigos, a saber: de que todo Elemento é *dual* em sua natureza. "O fogo ETÉREO é a emanação do próprio KABIR; o fogo *aéreo* é tão somente a união (correlação) do primeiro com o *fogo terrestre*, e sua direção e aplicação sobre o nosso plano terrestre pertencem a um *Kabir* de menor importância", talvez a um Elemental, como o chamaria um ocultista; e o mesmo se pode dizer de todo Elemento Cósmico.

Ninguém negará que o ser humano está de posse de várias forças: magnéticas, simpáticas, antipáticas, nervosas, dinâmicas, ocultas, mecânicas, mentais; em uma palavra, de todas as espécies de forças; e que as forças físicas são todas biológicas em sua essência, pois elas se entremesclam e se fundem frequentemente com as forças que denominamos intelectuais e morais, sendo as primeiras, por assim dizer, os veículos, os *upâdhis*, das segundas. Ninguém, entre os que não recusam a existência de uma alma no homem, hesitará em dizer que a presença e a combinação dessas forças constituem a própria essência do nosso ser; que elas são, efetivamente, o *Ego* no homem. Esses poderes ou essas potências têm seus fenômenos fisiológicos, físicos, mecânicos, bem como nervosos, extáticos, clariauditivos e clarividentes, considerados e reconhecidos hoje como perfeitamente naturais, inclusive pela ciência. Por que deveria ser o homem a única exceção da natureza e por que não podem os ELEMENTOS ter os seus *veículos*, os seus "*Vâhanas*", naquilo que nós chamamos de FORÇAS FÍSICAS? E, sobretudo, por que tachar de "superstição" tais crenças, assim como as religiões do passado?

Capítulo 14

SOBRE *KWAN-SHI-YIN* E *KWAN-YIN*

Assim como *Avalokiteshvara*, *Kwan-Shi-Yin* tem passado por várias transformações. É um erro, porém, dizer que se trata de uma invenção moderna dos budistas do norte, pois era conhecido por outro nome desde os tempos mais remotos. Ensina a Doutrina Secreta que "Aquele que primeiro aparecer na Renovação será o último a chegar antes da Reabsorção (*pralaya*)". Assim, os Logos de todas as nações, desde o *Vishvakarman* védico dos Mistérios até o Salvador das atuais nações civilizadas, são o "Verbo" que existia "no princípio", ou o novo despertar dos poderes vivificadores da Natureza com o ABSOLUTO Único. Nascido do Fogo e da Água, antes que estes se convertessem em elementos distintos, foi ELE o "Artífice", o formador ou modelador de todas as coisas. "Sem ele, nada do que foi feito seria feito. Nele estava a vida, e a vida era a luz dos homens" (João 1:3-4); e, finalmente, pode-se chamá-lo o que ele sempre foi: o Alfa e o Ômega da Natureza manifestada. "O grande Dragão da Sabedoria nasceu do Fogo e da Água, e no Fogo e na Água tudo será reabsorvido com ele" *(Fa-hwa-king*, ou "Sûtra do Lótus").[1]

---

[1] [O "Sûtra do Lótus" aqui referido pode não ser o famoso *Saddharma-pundarika sûtra*. Não se localizou nele nenhum trecho que correspondesse, embora a tradução

Diz-se que esse Bodhisattva "assume a forma que lhe apraz", desde o princípio de um *Manvantara* até o seu término. Embora o seu aniversário ou dia comemorativo particular seja celebrado, segundo o *Kin-kwang-ming-king*, ou "Sûtra Luminoso da Luz Dourada", no 19º dia do segundo mês, e o de "*Maitreya* Buddha", no primeiro dia do primeiro mês, os dois são, não obstante, um só. Ele aparecerá na Sétima Raça como *Maitreya* Buddha, o último dos Avatares e dos Buddhas. Essa crença e essa expectativa são universais em todo o Oriente. Mas não será durante o *Kali Yuga*, esta nossa época atual de Obscurantismo terrivelmente materialista, a "Idade Negra", em que poderá vir um novo Salvador da Humanidade.

O ritual do culto exotérico dessa divindade foi, por isso, baseado na magia. Os Mantras são todos extraídos de livros especiais, mantidos em segredo pelos sacerdotes, e se diz que cada um deles produz um efeito mágico: aquele que os recita ou lê dá origem, só em cantá-los, às causas secretas que se traduzem em efeitos imediatos. *Kwan-Shi-Yin* é *Avalokiteshvara*, e ambos são formas do sétimo Princípio Universal; enquanto, em seu caráter metafísico mais elevado, essa divindade é a agregação sintética de todos os Espíritos planetários, os *Dhyân-Chohans*. Ele é o "Manifestado por si mesmo"; em uma palavra, o "Filho do Pai". Coroado por sete dragões, vê-se no alto de sua estátua a inscrição: *Pu-tsi-k'ium-ling*, "o Salvador universal de todos os seres vivos".

É claro que o nome constante do volume arcaico das Estâncias é completamente diferente, mas o nome *Kwan-Yin* é um equivalente perfeito. Em um templo de *P'u-to*, a ilha sagrada dos budistas na China, está *Kwan-Shi-Yin* representado flutuando sobre uma ave aquática negra (*Kâlahamsa*) e vertendo sobre a cabeça dos mortais o elixir da vida, que,

---

chinesa de Kumarajiva de fato contenha um capítulo que menciona a filha de um rei-dragão, famosa por sua sabedoria, que não consta da versão em sânscrito. Há referência a uma obra intitulada *Fa-hwa-king* que estava entre as escrituras do Ensinamento Celestial do Dragão (Lung-t'ien Chiao), confiscadas na China em 1742. Iniciado por uma mulher, o grupo advertiu contra desastres que estavam por vir, e sua liderança se transmitia através de uma linha sucessória feminina.]

ao fluir, se transforma em um dos principais *Dhyâni-Buddhas*, o Regente de uma estrela chamada a "Estrela da Salvação". Em sua terceira transformação, *Kwan-Yin* é o espírito vivificador ou gênio da Água. Crê-se na China que o Dalai-Lama é uma encarnação de *Kwan-Shi-Yin*, que em sua terceira aparição terrestre foi um Bodhisattva, sendo o Panchen Lama uma encarnação de *Amitâvha* Buddha ou Gautama.

Além de serem atualmente as divindades protetoras dos ascetas budistas, os yogues do Tibete, *Kwan-Shi-Yin* (*Avalokiteshvara*) e *Kwan-Yin* são os deuses da castidade e, em seu significado esotérico, não chegam sequer a ser o que se supõe na versão do *Buddhism* de T. W. Rhys Davids (Londres, 1877, 202-203): "O nome Avalokiteshvara [...] significa 'o Senhor que observa do alto'." Nem tampouco *Kwan-Shi-Yin* é "o Espírito dos Buddhas presentes na Igreja", mas, interpretado literalmente, quer dizer "o Senhor que é visto" e, em certo sentido, "o EU divino percebido pelo Eu" (o Eu humano), isto é, *Âtma* ou o sétimo princípio, imerso no Universal, percebido por *Buddhi*, ou objeto de percepção de *Buddhi*, o sexto princípio ou a Alma divina no homem. Em sentido ainda mais elevado, *Avalokiteshvara* = *Kwan-Shi-Yin*, referido como o sétimo princípio Universal, é o Logos percebido por *Buddhi* ou pela Alma Universal como o agregado sintético dos *Dhyâni-Buddhas*; não é o "Espírito de Buddha presente na Igreja", mas o Espírito universal onipresente, manifestado no templo do Kosmos ou da Natureza.

Kwan-Shi-Yin é, pois, misticamente, "o Filho idêntico ao Pai", ou o Logos, o Verbo. É chamado de "Dragão da Sabedoria" porque os Logos de todos os sistemas religiosos antigos estão associados às serpentes e representados por elas. No antigo Egito, o deus *Nahbkun*, "aquele que une os duplos", era representado como uma serpente sobre pernas humanas, e com braços ou sem eles. Era a luz astral, reunindo, por meio de sua potência dual, fisiológica e espiritual, a Mônada humano-divina à sua Mônada puramente divina, o protótipo "no céu" ou a Natureza. Era o emblema da ressurreição da Natureza, e também de Cristo para os ofitas, sendo a serpente também um emblema de Cristo entre os Templários. O símbolo é idêntico a outro que, segundo Jâmblico, era chamado de "o primeiro dos deuses celestes"; o deus Hermes ou Mercúrio, deus a quem Hermes Trismegisto atribui à invenção da magia e a iniciação dos homens nessa ciência. E Mercúrio é *Budha*, a Sabedoria, a Iluminação ou o "Novo Despertar" a ciência divina.

Concluindo: *Kwan-Shi-Yin* e *Kwan-Yin* são os dois aspectos, masculino e feminino, do mesmo princípio, no Kosmos, na Natureza e no Homem, da sabedoria e da inteligência divinas. São o "Christos-Sophia" dos místicos gnósticos, o Logos e sua *Shakti*. Temendo que a expressão de alguns mistérios jamais fosse inteiramente compreendida pelos profanos, os antigos, sabendo que nada podia ser conservado na memória humana sem a ajuda de um símbolo externo, optaram pelas imagens – que com frequência nos parecem ridículas – dos *Kwan-Yins*, com a finalidade de evocar na mente do homem sua origem e sua natureza interna. O subjetivo dificilmente pode ser representado pelo objetivo. Por isso, como a fórmula simbólica procura caracterizar aquilo que está acima do raciocínio científico e, tantas vezes, transcende os nossos intelectos, se faz necessário ir além do intelecto, de uma ou de outra maneira, porque do contrário se apagará da memória humana.

Capítulo 15

SOBRE O MITO DO "ANJO CAÍDO"

A Igreja impõe a crença em um Deus pessoal e em um demônio pessoal, ao passo que o Ocultismo denuncia a sem-razão de semelhante crença. Se os nossos filósofos modernos – precedidos pelos sábios da Idade Média – se apropriaram de mais de uma das ideias fundamentais da Antiguidade, os teólogos construíram o seu Deus e seus Arcanjos, o seu Satã e os seus Anjos, juntamente com o Logos e seu respectivo estado-maior, só com os *dramatis personae* dos antigos Panteões pagãos. Bem-vindos teriam sido eles se não houvessem astuciosamente deformado os personagens originais, pervertido o significado filosófico e, aproveitando-se da ignorância da cristandade – resultado de longos séculos de torpor mental, durante os quais só era permitido à humanidade raciocinar por procuração –, envolvido todos os símbolos na mais inextricável confusão. Um de seus feitos mais censuráveis nesse particular foi a transformação do *alter ego* divino no grotesco Satã de sua teologia.

Por que então não nos será permitido dragar os profundos rios do Passado para trazer à superfície a ideia fundamental que conduziu à transformação do Deus da Sabedoria, que primeiro fora considerado como o criador de tudo que existe, em um Anjo do Mal? Não vemos necessidade de uma digressão para comparar os demônios pagãos do Egito, da Índia ou da Caldeia ao diabo do cristianismo, pois tal comparação não é possível. Mas podemos deter-nos por alguns momentos para dizer alguma coisa sobre a biografia do diabo cristão, um plágio da mitologia judeu-caldeia.

É coisa sabida – ao menos pelos simbologistas eruditos – que em todas as grandes religiões da Antiguidade o Logos Demiurgo (o segundo Logos, ou a primeira emanação da mente, *Mahat*) é o que dá, por assim dizer, a tônica do que se poderia chamar a correlação entre a individualidade e a personalidade no esquema evolutivo subsequente. No simbolismo místico da cosmogonia, da teogonia e da antropogonia, aparece o Logos desempenhando dois papéis no drama da Criação e da Existência: o da personalidade puramente humana e da impessoalidade divina dos chamados Avatares ou encarnações divinas, e o do Espírito universal, chamado Christos pelos gnósticos, o *Fravashi* (ou *Ferouer*) de *Ahura--Mazda* na filosofia masdeísta. Nos graus menos elevados da teogonia, os Seres celestes de hierarquias inferiores tinham cada qual um *Fravashi* ou "Duplo" celestial. É um novo enunciado, em termos ainda mais místicos, do mesmo axioma cabalístico "Deus *est Demon inversus*"; a palavra "demônio", porém, como no caso de Sócrates e no sentido que lhe era atribuído em toda a Antiguidade, representava o Espírito guardião, um "Anjo", e não um diabo de origem satânica, como pretende a teologia.

Há mais de dezesseis séculos que as novas máscaras, afiveladas à força nas feições dos deuses antigos, os têm ocultado da curiosidade pública; finalmente, porém, chegou-se à evidência de que não passavam de um disfarce contraproducente. Entretanto, a QUEDA metafórica – assim como a expiação e a crucificação, igualmente metafóricas – tem conduzido a humanidade ocidental por caminhos em que o sangue lhe vai até os joelhos. E o pior de tudo é que a induziram a crer no dogma de um espírito maligno distinto do espírito do bem, sendo que o primeiro vive em tudo que é matéria e particularmente no homem. Por último, inventaram o dogma blasfemo do Inferno e da perdição eterna. Em decorrência dele, uma espessa nuvem se interpôs entre as intuições superiores do homem e as verdades divinas e – o mais pernicioso efeito de todos – ficou o povo ignorando o fato de que não havia nem demônios nem seres malignos tenebrosos no universo antes de o homem aparecer na Terra e provavelmente em outros orbes. Essa é a razão que levou o povo a aceitar a ideia do pecado original, à guisa de consolo problemático para os males deste mundo.

A primeira lição da filosofia esotérica é que a Causa incognoscível não propõe a evolução, seja consciente ou inconscientemente, limitando-se a exibir periodicamente *aspectos diferentes de si mesma* para a percepção das Mentes *finitas*. Ora, a Mente coletiva – a Mente Universal –, composta de inumeráveis e variadas Legiões de Poderes Criadores, por mais infinita que seja no Tempo manifestado, é, não obstante, finita quando se compara ao Espaço não nascido e inalterável em seu aspecto essencial supremo. O que é finito não pode ser perfeito e, por conseguinte, entre essas Legiões há Seres inferiores, mas nunca houve *demônios* nem "Anjos rebeldes", pela simples razão de que todos são regidos pela Lei. Os *Asuras* (deem-lhes o nome que se quiser), ao se encarnarem, obedeceram a uma lei tão implacável como as outras. Eles haviam se manifestado antes dos *Pitris*, e como o tempo (no Espaço) prossegue em Ciclos, a sua vez era chegada; daí as numerosas alegorias. O nome de *"Asura"* foi inicialmente aplicado pelos brâmanes indistintamente àqueles que se opunham aos seus sacrifícios e rituais pretensiosos. A essa época, provavelmente, deve remontar a origem da ideia do demônio como opositor e adversário.

Os *Elohim* hebreus, a que se deu o nome de "Deus" nas traduções, os que criam a "luz", são idênticos aos *Asuras* arianos. São também chamados os "Filhos das Trevas", em contraste filosófico e lógico com a luz imutável e eterna. Os primeiros zoroastrianos não acreditavam que o Mal ou as Trevas fossem *coeternos* com o Bem ou a Luz e davam a mesma interpretação. *Ahriman* é a *sombra* manifestada de AHURA-MAZDA (*Asura Mazda*), nascido, por sua vez, de *Zeruâna Akerne*, o "(círculo do) tempo infinito", ou a Causa Desconhecida. Sobre esta última, dizem eles: "Sua glória é exaltada demais, sua luz é resplandecente demais para que o intelecto humano a perceba ou o olho mortal a veja." Sua emanação primordial *é a luz eterna, a qual, tendo estado inicialmente oculta nas* TREVAS, *foi chamada à manifestação; e desse modo se formou Ormazd, o "Rei da Vida"*. É o "primogênito" no TEMPO INFINITO; mas, tal como o seu antítipo (a ideia Espiritual preexistente), *viveu nas trevas desde toda a eternidade*. Os seis *Amshaspends* (sete, contando com ele, o principal), os *Homens e Anjos Espirituais primitivos* representam *coletivamente o seu Logos*. Os *Amshaspends* de Zoroastro criaram também o mundo em seis dias, ou períodos, e descansaram no sétimo; mas na filosofia esotérica esse *sétimo* é o *primeiro* período ou "dia", a chamada criação *Primária* na cosmogonia ariana. Esse Éon intermédio constitui o *Prólogo* da criação e se acha na fronteira entre a eterna Causação incriada e os efeitos finitos produzidos; um estado de atividade e energia *nascentes*, como primeiro aspecto da Quiescência imutável e eterna.

Segundo ensinam os antigos livros de Magia, todo o *evento* se esclarece. Uma coisa só pode existir por meio de seu contrário, diz Hegel; e só é preciso um pouco de filosofia e espiritualidade para compreender-se a origem do último dogma, tão verdadeiramente satânico e infernal em sua fria e cruel maldade. Eis como os Magos explicavam a origem do mal em seus ensinamentos exotéricos: "A luz só pode produzir a luz, e nunca pode ser a origem do mal." Como, então, teria surgido o mal, se em sua produção nada havia de igual ou semelhante à luz? A luz, diziam eles, produziu vários Seres, todos espirituais, resplandecentes e poderosos. Mas um GRANDE SER (o "Grande *Asura*", *Ahriman*, Lúcifer etc.) teve um *mau pensamento*, contrário à Luz. Duvidou e, por essa dúvida, tornou-se tenebroso.

Isso se aproxima um pouco da verdade, mas se encontra ainda longe dela. *Não* foi um "MAU pensamento" que deu origem ao Poder contrário, senão, e simplesmente, o PENSAMENTO *per se*; algo que, sendo reflexivo e contendo um desígnio e uma finalidade, é consequentemente finito, e tem, naturalmente, de estar em oposição à quiescência pura, que é o estado natural da Espiritualidade e da Perfeição absolutas. Foi simplesmente a lei da Evolução que se afirmou; o progresso do desabrochar mental, diferenciado do espírito, já envolvido e impregnado pela matéria, para a qual é atraído de modo irresistível. As ideias, por sua própria natureza e essência, como conceitos que têm relações com os objetos, verdadeiros ou imaginários, são opostas ao PENSAMENTO absoluto, esse TODO incognoscível, de cujas misteriosas operações – afirma Herbert Spencer – nada se pode dizer, senão que "não tem nenhum parentesco de natureza com a Evolução";[1] e certamente não tem.

A Doutrina Secreta assinala, como fato evidente, que a humanidade, coletiva e individualmente, constitui, com toda a natureza manifestada, o veículo *(a)* do sopro do Princípio Universal Único em sua diferenciação primária; e *(b)* dos "sopros" inumeráveis procedentes daquele SOPRO ÚNICO em suas diferenciações secundárias e ulteriores, à medida que a Natureza, com suas muitas humanidades, segue descendo para os planos de materialidade sempre crescente. O Sopro primário anima as Hierarquias superiores; o secundário anima as inferiores, nos planos sempre descendentes.

Ora, existem na *Bíblia* muitas passagens que provam, em uma simples leitura, *exotericamente*, que semelhante crença foi *universal* em tempos idos; e as duas mais convincentes estão em Ezequiel 28, e em Isaías 14. Os teólogos cristãos podem, se assim lhes aprouver, interpretar uma e outra como referentes à Grande Guerra que precedeu à Criação, à Epopeia da rebelião de Satã etc., mas o absurdo da ideia é por demais evidente. Ezequiel dirige suas lamentações e censuras ao Rei de Tiro; Isaías, ao Rei Achaz, que se dedicava ao culto dos ídolos, como todo o resto da nação, exceto alguns Iniciados (os chamados *Profetas*),

---

[1] [Embora atribuída a *The Principles of Psychology* de Spencer em *A Doutrina Secreta* (e repetida desde então em todas as edições), essa citação na verdade não consta nessa obra, mas foi citada em um artigo de J. M. Rigg, "Notes on Aristotle's Psychology in Relation to Modern Thought", na publicação periódica britânica *Mind* de janeiro de 1886, onde figura na página 93 com a seguinte nota de rodapé: *The Principles of Psychology* §473-74. Herbert Spencer (1820-1903), filósofo inglês, é citado várias vezes nos escritos de Mme. Blavatsky por suas ideias acerca de uma fonte "Incognoscível" como origem do universo.]

que se esforçavam por detê-lo em sua marcha para o exoterismo (ou a idolatria, o que vem a dar no mesmo). Que o leitor faça seu julgamento.

Podemos encontrar a origem do "príncipe de Tiro" [em Ezequiel 28:2-8] nas "Dinastias divinas" dos Atlantes ímpios, os Grandes Feiticeiros. Tenha-se presente que quase todos os reis e sacerdotes daqueles tempos eram iniciados; que lá para o fim da Quarta Raça houve uma guerra entre os Iniciados da Senda da *Direita* e os da Senda da *Esquerda*. Se atentarmos em tudo isso e compararmos os diversos relatos, veremos que os capítulos 28 e 31 de Ezequiel não se relacionam com a Babilônia, a Assíria e nem mesmo ao Egito (pois nenhum desses países foi destruído dessa forma, mas simplesmente ruíram na superfície da Terra, e não *embaixo* dela), mas, sim, com a Atlântida e a maior parte de sua população. Veremos também que o "jardim do Éden" dos Iniciados não era um mito, mas, sim, uma localidade hoje submersa. A luz se fará, e serão apreciadas em seu verdadeiro sentido esotérico frases como esta: "Tu estiveste no Éden [...]; estavas na montanha sagrada de Deus" [Ezequiel 28:13-14], porque cada nação tinha – e muitas delas ainda têm – montanhas *sagradas*: umas, os picos do Himalaia, outras, o Parnaso e o Sinai. Todas eram sítios de iniciação e moradas dos *chefes* das comunidades de antigos e modernos adeptos.

Em toda a Ásia Menor, os Iniciados eram chamados "árvores da Justiça" e cedros do Líbano, como também alguns reis de Israel. O mesmo acontecia com os grandes adeptos na Índia, mas tão somente os adeptos da mão esquerda. É uma alusão à grande luta entre os "Filhos de Deus" e os Filhos da Sabedoria Tenebrosa – nossos antepassados; ou, por outro lado, entre os Adeptos atlantes e os arianos.

Toda a história desse período foi alegoricamente contada no *Râmâyana,* que é a versão mística em forma de epopeia da luta entre Râma (o primeiro rei da dinastia *divina* dos primitivos arianos) e Râvana, personificação simbólica da raça atlante (de Lankâ). Os primeiros eram as encarnações dos Deuses Solares; os segundos, as dos Devas Lunares. Essa foi a grande batalha entre O Bem e o Mal, entre a magia branca e a magia negra, pela supremacia das forças divinas ou dos poderes terrestres inferiores ou cósmicos.

Todos os *chamados* maus Espíritos, a quem se acusa de terem atacado os deuses, têm personalidades idênticas e, ademais, todas as religiões antigas ensinavam a mesma doutrina, exceto a conclusão final, que difere da cristã. Os sete deuses primordiais tinham um duplo estado, um essencial e o outro acidental. Em seu estado essencial todos eram os "Construtores" ou *Modeladores*, os Conservadores e Regentes deste mundo, e no estado acidental, revestindo-se da corporeidade visível, desciam à Terra e a governavam como Reis e Instrutores das Legiões inferiores, que se haviam encarnado novamente como homens.

Assim, a filosofia esotérica ensina que o homem é a verdadeira divindade manifestada em seus dois aspectos: bom e mau, o bem e o mal; a teologia, porém, não pode admitir essa verdade filosófica. Ensinando – como ensina – o dogma dos Anjos Caídos no sentido da letra morta e tendo feito de Satã a pedra angular e a coluna em que assenta o dogma da redenção, admitir outra coisa seria um suicídio. Sustentando – como sustentou – que os anjos rebeldes eram *distintos de Deus e do Logos* em suas personalidades, afirmar que a queda dos Espíritos *desobedientes* significava simplesmente a sua queda na geração e na matéria equivaleria a dizer que Deus e Satã são idênticos. Porque se o Logos (ou Deus) é o agregado daquela Legião, dantes divina, que é acusada de haver caído, a consequência natural é que o Logos e Satã não passam de um só.

É fácil deturpar o sentido de expressões vagas, escritas em línguas mortas e por muito tempo esquecidas, e depois apresentá-las às massas ignorantes como verdades e fatos *revelados*. A identidade de pensamento e significação é o que mais impressiona o estudante em todas as religiões que mencionam a tradição dos Espíritos caídos, e nessas grandes religiões não há uma só que deixe de fazer-lhe referência ou não a descreva de uma ou de outra forma. É uma alegoria que mostra os *Devas obrigados a encarnar-se*, desde o momento em que se separaram de sua essência original, ou, em outras palavras, desde que a unidade se tornou múltipla, após a diferenciação e a manifestação.

O Tífon egípcio, Píton, os Titãs, os Suras e os Asuras pertencem todos à mesma lenda de Espíritos que povoam a Terra. Não são "*demônios* incumbidos de criar e organizar este universo visível", mas os modeladores ou "arquitetos" dos mundos e os progenitores do homem. São, metaforicamente, os anjos *Caídos* – os "espelhos verdadeiros da Sabedoria Eterna".

Capítulo 16

ENOÏCHION-HENOCH

A história da evolução do mito satânico não estaria completa se deixássemos de mencionar o misterioso e cosmopolita Enoch, diversamente chamado Enos, Hanoch e, finalmente, pelos gregos, Enoïchion.[1] Foi em seu livro que os mais antigos escritores cristãos colheram as primeiras noções sobre os Anjos Caídos.

Tem-se dito que o *Livro de Enoch* é um apócrifo. Mas o que é um *apócrifo*? A própria etimologia da palavra indica que é simplesmente um livro *secreto*, isto é, que pertencia ao catálogo das bibliotecas dos templos, sob a guarda dos hierofantes e dos sacerdotes iniciados, ao qual os profanos não tinham acesso. *Apocryphon* vem do verbo *crypto*, "ocultar". Durante séculos, o *Enoichion*, o Livro dos VIDENTES, foi

---

[1] [Enoch era o pai de Matusalém e o bisavô de Noé. Ele viveu 365 anos e, segundo o *Gênese* 5:24, no fim, foi levado por Deus. Inúmeras obras ostentam seu nome. Acredita-se que o *Livro etíope de Enoch*, conhecido como *Enoch 1*, remonte aos dois últimos séculos a.C. É provável que Mme. Blavatsky conhecesse sua tradução inglesa, feita em 1821. Outro *Livro de Enoch*, *Enoch 2*, sobrevive em eslavo comum. Existe um terceiro *Livro de Enoch*, *Enoch 3*, escrito em hebraico, cuja data se atribui ao início da era cristã. Embora difiram em detalhes, eles têm em comum o tema apocalíptico da iminência do juízo final. *Enoch 1* fala de seres celestes, os Vigilantes, que descem à terra e produzem uma raça de gigantes que foi destruída pelo dilúvio bíblico.]

conservado na "cidade das letras" e obras secretas, a antiga Kirjath-Sepher, mais tarde Debir (veja-se Josué 15:15).

Alguns escritores interessados neste assunto, sobretudo os maçons, quiseram identificar Enoch com o Thot de Mênfis, com o grego Hermes e até com o Mercúrio latino. Como indivíduos, todos esses são distintos uns dos outros; profissionalmente (se podemos usar essa palavra, de sentido hoje tão limitado), pertencem todos à mesma categoria de escritores sagrados, de Iniciadores e Recompiladores da antiga Sabedoria Oculta. Os que no Corão (veja-se Surât, 19) recebem genericamente o nome de *Edris*, ou "Sábios" (os iniciados), no Egito eram chamados de Thot, o inventor das artes e das ciências, da *escritura* ou das letras, da música e da astronomia. Entre os judeus, *Edris* converteu-se em "Enoch", que, segundo Bar-Hebraeus, "foi o primeiro inventor da escritura", dos livros, das artes e das ciências, e o primeiro que coordenou em um sistema os movimentos dos planetas. Na Grécia foi chamado de Orfeu, mudando assim de nome em cada país. Estando o número 7 relacionado com cada um desses Iniciadores primitivos, assim como o número 365, dos dias do ano astronômico, ele identificava a missão, o caráter e a função sagrada de todos esses homens, mas não, certamente, as suas personalidades. Enoch é o *sétimo* Patriarca; Orfeu é o possuidor do *phorminx*, a lira de sete cordas, que não é senão o sétuplo mistério da iniciação. Thot, com o Disco Solar de sete raios sobre a cabeça, viaja no barco Solar (os 365 graus), desembarcando por um dia a cada quatro anos (ano bissexto). Finalmente, Thot-Lunus é o deus setenário dos sete dias, ou da semana. Esotérica e espiritualmente, *Enoichion* quer dizer o "Vidente de Olho aberto".

A história contada por Josefo a respeito de Enoch, segundo a qual este teria ocultado os seus preciosos rolos ou livros sob os pilares de Mercúrio ou Seth, é a mesma que se conta de Hermes, "o pai da Sabedoria", que escondeu os seus livros de Sabedoria sob um pilar e, depois, descobrindo as duas colunas de pedra, encontrou a ciência escrita nelas. No entanto, Josefo, apesar de seus esforços constantes para assegurar a Israel uma glorificação imerecida e de atribuir aquela ciência (da Sabedoria) ao Enoch *judeu,* escreve, assim mesmo, *história.* Ele fala dos pilares como eram ainda no seu tempo. Diz que foram construídos por Seth; e é possível que tenham sido, não se tratando, porém, do Patriarca daquele nome (o filho de Adão, segundo a fábula) nem do deus egípcio da Sabedoria – Teth, Set, Thot, Tat, Sat (o posterior *Sat-an*) ou de Hermes, os quais não passam todos de um só –, mas são, sim, os "Filhos do Deus-Serpente", ou "Filhos do Dragão", nomes pelos quais eram conhecidos os Hierofantes do Egito e da Babilônia, antes do Dilúvio, como o foram seus ancestrais, os atlantes.

Assim, o que Josefo nos relata, se deixarmos de lado o sentido que ele empresta ao caso, deve ser *alegoricamente* verdadeiro. Segundo a sua versão, as duas famosas colunas estavam inteiramente cheias de hieróglifos, os quais, depois de descobertos, foram copiados e reproduzidos nos lugares mais secretos dos templos mais importantes do Egito, tornando-se assim a fonte de sua Sabedoria e de seus conhecimentos excepcionais. Essas duas "colunas" são, em todo caso, os protótipos das duas "tábuas de pedra" que Moisés talhou por ordem do "Senhor". Por isso, quando Josefo diz que todos os grandes adeptos e místicos da Antiguidade – tais como Orfeu, Hesíodo, Pitágoras e Platão – obtiveram os elementos de sua teologia daqueles hieróglifos, ele tem razão em certo sentido, e está errado em outro, pois peca pela falta de precisão. A Doutrina Secreta nos ensina que as artes, as ciências, a teologia e mui especialmente a filosofia de todas as nações que precederam o último Dilúvio *universalmente conhecido,* mas não universal, haviam sido registradas ideograficamente à vista das tradições orais primitivas da Quarta Raça, que as recebera como herança da Terceira Raça-Raiz antes da Queda alegórica. Segue-se, daí, que as colunas egípcias, as tábuas e até mesmo a "pedra branca de pórfiro oriental" da lenda maçônica – que Enoch ocultou, antes do Dilúvio, nas entranhas da Terra, receando que os verdadeiros e preciosos segredos se perdessem – eram simplesmente cópias, mais ou menos simbólicas e alegóricas, das tradições primitivas.

O *Livro de Enoch* é uma dessas cópias e, além disso, um compêndio caldeu hoje muito incompleto. Como já dissemos, *Enoichion* quer dizer, em grego, o "olho interno" ou o Vidente; em hebreu, com a ajuda dos pontos massoréticos, significa "iniciador" e "instrutor". *Enoch* é um título genérico; e, ademais, sua lenda é a de vários outros profetas, judeus e pagãos, com algumas diferenças de pormenores, sendo no fundo sempre a mesma. Elias é também levado *vivo* para o Céu, e o astrólogo da corte de Isdubar, o *Hea*-bani caldeu, é igualmente arrebatado até o céu pelo deus *Hea*, que era o *seu* patrono, como Jeová era o de Elias. Esse gênero de morte fácil, ou *eutanásia*, tem um sentido esotérico. Simboliza a morte de todo adepto que alcançou o poder e o grau, assim como a purificação, que lhe permite morrer apenas no corpo físico e *continuar vivendo uma vida consciente* em seu corpo astral. As variações sobre esse tema são inumeráveis, mas o sentido oculto é sempre o mesmo.

Admitir que Enoch é um personagem bíblico, uma pessoa que viveu, equivaleria a aceitar Adão como o primeiro homem. Enoch era um nome genérico que se dava a dezenas de indivíduos, em todas as épocas e em todas as raças e nações. É o que se pode facilmente concluir da afirmação de que os antigos talmudistas e os professores de Midrashim se acham geralmente em desacordo nas suas opiniões sobre Hanokh, o filho de Yered. Dizem uns que Enoch era um grande Santo, amado por Deus e *levado em vida para o céu*, isto é, um ser que alcançou *Mukti* ou *Nirvana* nesta terra, como fez Buddha e fazem ainda outros. Afirmam outros que ele era um feiticeiro, um mago perverso. Isso prova que Enoch, ou seu equivalente, era, mesmo no tempo dos últimos talmudistas, um termo que significava "Vidente", "Adepto da *Sabedoria Secreta*" etc., sem especificação alguma do caráter do portador do título. Josefo, referindo-se a Elias e a Enoch, observa que "está escrito nos livros sagrados que eles [Elias e a Enoch] desapareceram, mas sem que ninguém tivesse conhecimento de que tinham morrido" (*Jewish Antiquities*, 9.2.2), querendo dizer simplesmente que *haviam morrido em suas personalidades*, como morrem os yogues ainda hoje na Índia ou mesmo alguns monges cristãos – para o mundo. Eles desaparecem da vista dos homens e morrem – no plano terrestre – até para si próprios. Parece um modo figurado de falar, mas é *literalmente verdade*.

"Hanokh transmitiu a Noé a ciência dos cálculos (astronômicos) e do cômputo das estações", diz o *Pirkah* de Midrash,[2] R. Eleazar atribui a Hanoch o que outros atribuem a Hermes Trismegisto, pois ambos são idênticos em seu sentido esotérico. Nesse caso, "Hanokh" e sua "Sabedoria" pertencem ao ciclo da Quarta Raça atlante, e Noé, ao da Quinta. Assim, os dois representam as Raças-Raízes, a atual e a precedente. Em outro sentido, Enoch desapareceu, "foi-se com Deus e não mais existiu, porque Deus o levou", alegoria que se refere ao desaparecimento, entre os homens, do conhecimento Sagrado e Secreto; pois "Deus" (ou *Java-Aleim*, os grandes hierofantes, os chefes dos colégios de sacerdotes iniciados) o levou consigo; em outras palavras, os Enochs ou os *Enoichions*, os Videntes com o seu Conhecimento e a sua Sabedoria, confinaram-se estritamente nos Colégios Secretos dos Profetas, para os judeus, e nos templos, para os gentios. Interpretado com a ajuda apenas da chave simbólica, Enoch é o símbolo da natureza dual, espiritual e física do homem.

Em uma palavra, o *Livro de Enoch* é um *resumo*, um compêndio dos fatos principais da história das Raças Terceira, Quarta e Quinta, que contém pouquíssimas profecias relacionadas com a presente época do mundo, um longo resumo retrospectivo, introspectivo e profético de acontecimentos – geológicos, etnológicos, astronômicos e psíquicos – universais e inteiramente *históricos*, com um toque de teogonia, recolhidos dos anais antediluvianos. O livro desse misterioso personagem é frequentemente citado no *Pistis Sophia*, assim como no *Zohar* e em seus mais antigos Midrashim. Orígenes e Clemente de Alexandria o tinham na mais alta conta. Afirmar que é uma falsificação pós-cristã

---

[2] Capítulo 8, citado em *Qabbalah*, de Isaac Myer (Filadélfia, 1888), pp.98-9.

equivale, portanto, a sustentar um absurdo; é incorrer em anacronismo, pois Orígenes (entre outros), que viveu no segundo século da era cristã, o menciona como obra das mais antigas e veneráveis. O nome secreto e sagrado e o seu poder estão bem e claramente descritos no antigo volume, embora de maneira alegórica. Do capítulo 18 ao capítulo 50, as Visões de Enoch são todas descritivas dos Mistérios da Iniciação, um dos quais é o Vale Ardente dos "Anjos Caídos".

Capítulo 17

A CRUZ E O CÍRCULO

A ideia de representar a divindade *oculta* pela circunferência de um círculo, e o Poder Criador (macho e fêmea, ou o VERBO Andrógino) pelo diâmetro que o cruza, é um dos símbolos mais antigos. Sobre esse conceito foram construídas todas as grandes Cosmogonias. Para os antigos arianos, para os egípcios e caldeus, o símbolo era completo porque encerrava a ideia do *Pensamento Divino* eterno e imutável em seu caráter absoluto, totalmente separado da fase incipiente da chamada *criação*, e compreendia a evolução psicológica e até espiritual, assim como sua obra mecânica ou construção cosmogônica.

Temos repetidamente declarado nesta obra que todos os símbolos religiosos e filosóficos têm sete significados próprios, pertencendo cada qual ao seu legítimo plano de pensamento, ou seja, puramente metafísico ou astronômico; psíquico ou fisiológico etc. Esses sete significados e suas aplicações são bastante difíceis de aprender quando se consideram por si mesmos; mas a sua correta interpretação e compreensão se tornam dez vezes mais desconcertantes quando, em lugar de correlacioná-los, de fazê-los surgir um do outro e se seguirem, se aceita cada um ou qualquer deles como a única e exclusiva explicação de toda a ideia simbólica em seu conjunto.

A Cruz, dizem os cabalistas, repetindo a lição dos ocultistas, é um dos símbolos mais antigos, talvez até o *mais* antigo de todos. Os Iniciados orientais a representam como contemporânea do círculo do infinito Deífico e da primeira diferenciação da Essência, a união de espírito e matéria. Tal interpretação tem sido refugada, só se aceitando a alegoria astronômica habilmente adaptada a imaginários acontecimentos terrestres.

Os antigos filósofos sempre atribuíram algo de misterioso e divino à forma do círculo. O mundo antigo, coerente em seu simbolismo com as intuições panteístas, que unificam os dois Infinitos, o visível e o invisível, representava a Divindade e também o seu VÉU exterior com um círculo. Segundo a filosofia esotérica, a Divindade, durante as suas "noites" e os seus "dias" (ou seja, os ciclos de repouso e atividade), é o *"eterno movimento perpétuo"*, o "ETERNO VIR-A-SER, assim como o eterno presente universal e o eterno Existir". O último é a abstração-raiz; o primeiro é o único conceito possível para a mente humana, quando não relaciona essa divindade a alguma figura ou forma. É uma evolução perpétua, incessante, que, volteando em círculo no seu constante progresso, retorna, éons depois, ao seu estado de origem: a UNIDADE ABSOLUTA.

A Doutrina Secreta nos ensina que tudo no universo, assim como o próprio universo, é formado (criado), durante suas manifestações periódicas, pelo MOVIMENTO acelerado, posto em atividade pelo SOPRO do poder sempre desconhecido – desconhecido para a humanidade atual, pelo menos – no mundo fenomenal. O Espírito da Vida e da Imortalidade era em toda parte simbolizado por um círculo, e por isso a serpente que morde a própria cauda representa o círculo da Sabedoria no infinito, tal como a cruz astronômica, a cruz inscrita no círculo, e o globo de duas asas, que se converteu depois no *Escaravelho* sagrado dos egípcios.

As inteligências incorpóreas (os Espíritos Planetários ou Poderes criadores) eram sempre representadas na forma de círculos. Na primitiva filosofia dos Hierofantes, esses círculos *invisíveis* eram as causas protótípicas e os construtores de todos os orbes celestes, os corpos ou invólucros *visíveis* de que eles eram as almas. Esse era certamente um ensinamento universal na Antiguidade.

Deus *enim et circulus est* [E certamente a Divindade é circular], diz Ferécides em seu hino a Júpiter. Era um axioma hermético, e Pitágoras prescrevia a prosternação e a postura circulares durante as horas de contemplação. "O devoto deve aproximar-se o mais possível da forma de um círculo perfeito", diz o *Livro Secreto*. Plínio diz: "Durante o nosso culto, enrolamos o nosso corpo, por assim dizer, formando um anel – *totum corpus circumagimur*" [todos os corpos movem-se em círculos]. A visão do profeta Ezequiel faz lembrar necessariamente esse misticismo do círculo, quando ele vê um *torvelinho* de onde sai "uma *roda* sobre a terra", cujo trabalho "*era* como o de uma roda no meio de uma roda [...] pois o Espírito da criatura viva *estava* nas rodas" (Ezequiel 1:4-16).

O "Ovo de Ouro" bramânico, do qual surge *Brahmâ*, a divindade criadora, é o "círculo com o Ponto Central" de Pitágoras, e o seu símbolo apropriado. Na Doutrina Secreta, a UNIDADE oculta (quer ela represente PARABRAHMAN ou o "GRANDE EXTREMO" de Confúcio, ou a Divindade oculta pelo [egípcio] PTAH, a Luz Eterna ou ainda o AIN-SOPH judeu) é sempre simbolizada por um círculo ou pelo "zero" (o Nada, ou *Coisa Nenhuma*, absoluto, porque é *infinito* e o TODO), enquanto se designa o deus manifestado (por suas obras) como o *diâmetro desse círculo*. O simbolismo da ideia subjacente torna-se assim evidente: a linha reta que passa pelo centro de um círculo tem comprimento no sentido geométrico, mas não possui largura nem espessura; é um símbolo feminino e imaginário, que cruza a eternidade e repousa no plano da existência *do mundo fenomenal*. Possui uma *dimensão*, ao passo que o círculo não tem nenhuma, ou, para usar um termo algébrico, é a dimensão de uma equação. Outro modo de simbolizar a ideia se vê na *Década* sagrada de Pitágoras, a qual sintetiza, no numeral duplo *Dez* (o 1 e um círculo ou zero), o TODO absoluto que se manifesta no VERBO ou Poder gerador da Criação.

Diz-se que um Osarim, um Iniciado, encontrou em Hebron, *sobre o corpo morto de* Hermes, a famosa *Tábua de Esmeralda*, que encerraria a essência da sabedoria hermética. Lia-se nela: "Separa a terra do fogo, o sutil do grosseiro [...] Ascende da terra ao céu e depois torna a descer à terra." O *enigma* da cruz está contido nessas palavras, e o seu duplo mistério esclarecido – para o ocultista.

A verdade é que se podem encontrar vestígios da Cruz até mesmo nas profundezas insondáveis das idades arcaicas! O mistério que a cerca ainda mais se adensa, em vez de aclarar-se, quando a vemos nas estátuas da ilha de Páscoa, no antigo Egito, na Ásia Central, gravada em rochas em forma de Tau e Suástica, na Escandinávia pré-cristã, por toda parte, enfim! Não se pode decifrar o enigma senão obtendo sua chave nos Mistérios da Iniciação. O adepto iniciado que se saísse bem em todas as provas era *atado* – não *cravado*, simplesmente amarrado – em um leito com a forma do *Tau* de uma *Suástica* (sem os quatro prolongamentos adicionais), mergulhado em sono profundo: o "Sono de Siloam", como ainda hoje o chamam os Iniciados da Ásia Menor, da Síria e até mesmo do alto Egito. Era mantido nesse estado durante três dias e três noites, período em que o seu Ego Espiritual, dizia-se, confabulava com os "deuses", descia ao Hades, Amenti ou Pâtâla, conforme o país, e fazia obras de caridade em prol dos seres invisíveis, almas de homens ou Espíritos Elementais; permanecendo seu corpo todo o tempo em uma cripta ou cova subterrânea do templo. No Egito, o corpo era colocado no Sarcófago da Câmara do Rei da Pirâmide de Quéops e levado durante a noite que precedia o terceiro dia para a entrada de uma galeria, onde, em certa hora, os raios do Sol nascente davam em cheio sobre a face do candidato em estado de transe, e então ele despertava para ser iniciado por Osíris e Thot, o Deus da Sabedoria.

Ao leitor que duvide de nossas afirmações, pedimos que examine alguns dos baixos-relevos egípcios mais sugestivos; especialmente um dos que se encontram no templo de File e que representa a *cena da iniciação*. Dois Deuses-Hierofantes, um com cabeça de falcão (o Sol), o outro com *cabeça de íbis* (Mercúrio, Thot, o deus da Sabedoria e do conhecimento oculto, assessor de Osíris-Sol), estão inclinados sobre o corpo de um candidato que acaba de ser iniciado e derramam em sua cabeça dois jatos de água (a água da vida e do re*nascimento*), que se acham entrelaçados em forma de cruz e cheios de pequenas cruzes ansatas. É uma alegoria do despertar do candidato, que torna-se então um Iniciado, quando os raios do sol da manhã (Osíris) infletem no alto de sua cabeça (*sendo seu corpo em transe colocado* em seu *tau* de madeira, *para que possa receber os raios*). Depois aparecem os Hierofantes-Iniciadores, e as palavras sacramentais são pronunciadas e dirigidas ostensivamente ao Sol-Osíris – na realidade, o Sol-Espírito interior, que ilumina o homem renascido. Que o leitor medite sobre a relação entre o Sol e a Cruz desde a mais remota Antiguidade, em sua dupla capacidade, geradora e espiritualmente regeneradora. Os antigos manuscritos se referem a essas cruzes como os "duros leitos dos que passavam pelo parto (espiritual), o *ato de darem à luz a si mesmos*". Em salas subterrâneas de templos egípcios, quando esses foram demolidos, foi encontrada uma grande quantidade desses "leitos" cruciformes, sobre os quais eram estendidos e atados os candidatos, em estado de transe profundo, no final da suprema iniciação.

Descobre-se, desse modo, nos símbolos geométricos que contêm a história da evolução do homem, um dos *sete significados esotéricos* subentendidos nesse mistério da crucificação pelos inventores místicos do sistema, cuja elaboração e adoção datam da época da instituição dos próprios MISTÉRIOS. Ora, o sistema primordial, o duplo signo que se acha por trás da ideia da Cruz, não é uma "invenção humana", pois na sua base estão a ideação Cósmica e a representação Espiritual do Homem-Ego divino. Mais tarde, ampliou-se na belíssima ideia adotada e representada nos Mistérios, a do homem regenerado, o mortal que, crucificando o homem de carne e suas paixões no leito procustiano de tortura, renasce como Imortal. Deixando atrás de si, qual crisálida vazia, o corpo, o homem-animal, atado à Cruz da Iniciação, a Alma-Ego passa a ser tão livre quanto a borboleta.

Para os esoteristas, desde os tempos mais remotos, a Alma Universal ou *Anima Mundi*, o reflexo material do Ideal Imaterial, era a Fonte da Vida de todos os seres e do princípio vital dos três reinos. Era o *Septenário* para os filósofos herméticos, assim como para todos os antigos, sendo, efetivamente, representada como uma cruz sétupla cujos braços são, respectivamente, a *luz*, o *calor*, a *eletricidade*, o *magnetismo terrestre*, a *radiação astral*, o *movimento* e a *Inteligência*, ou o que alguns chamam consciência.

Muito antes de ser a cruz ou o seu signo adotados como símbolos do cristianismo, o sinal da cruz era usado como meio de reconhecimento entre os adeptos e os neófitos, sendo que estes últimos recebiam o nome de *Chrests* (de *Chrestos*, homem de dores e atribulações). Diz Éliphas Lévi: "O sinal da cruz adotado pelos cristãos não lhes pertence exclusivamente. É também cabalístico e representa a oposição e o equilíbrio quaternário dos elementos. Vemos no versículo oculto do *Paternoster* que havia originariamente duas maneiras de fazê-lo, ou, pelo menos, *duas* fórmulas bem diferentes para caracterizá-lo: uma reservada aos *sacerdotes e iniciados*; a outra, para os neófitos e os profanos. Assim, por exemplo, o *iniciado*, levando a mão à testa, dizia: *a ti*; em seguida, acrescentava: *pertencem*; e continuava, levando a mão ao peito: *o reino*; depois, ao ombro esquerdo: *a justiça*; e ao ombro direito: *e a misericórdia*. Então, juntando as mãos, dizia mais: *por todos os ciclos geradores: 'Tibi sunt Malkhut et Geburah et Chesed per Aeonas'*, sinal da cruz magnífica e *absolutamente* cabalístico, que as profanações do gnosticismo fizeram com que a Igreja militante e oficial *perdesse* completamente."[1]

Houve tempo em que o símbolo oriental da Cruz e do Círculo, a *Suástica*, era universalmente adotado. Para os budistas esotéricos chineses e mongóis, e até para os exotéricos, ele significa "as 10 mil verdades". Essas verdades, dizem, pertencem aos mistérios do universo invisível, da Cosmogonia primordial e da Teogonia. "Desde que *Fohat* cruzou o Círculo como duas linhas de chamas (horizontal e vertical), as legiões

---

[1] Lévi, *Dogma et ritual de la haute magie* (Paris, 1861), 2:88. [*Dogma e Ritual da Alta Magia*, publicado pela Editora Pensamento, São Paulo, 1971.]

de Seres Abençoados jamais deixaram de enviar seus representantes aos planetas sobre os quais tiveram a missão de velar desde o começo." Eis a razão por que a *Suástica* é colocada sempre – como o era a Cruz ansata no Egito – sobre o peito dos místicos falecidos. No Tibete e na Mongólia, vemo-la sobre o coração das estátuas e imagens de Buddha. É também o *selo* posto sobre o coração dos Iniciados vivos, e que alguns têm gravado para sempre a fogo na carne. Isso porque devem guardar essas verdades, invioláveis e intactas, em silêncio e segredo eternos, até o dia em que sejam percebidas e lidas por seus sucessores escolhidos – novos Iniciados – "dignos de que se lhes confiem as 10 mil perfeições".

Poucos símbolos no mundo encerram tanto significado verdadeiramente oculto quanto a Suástica. Ela se acha resumida no algarismo 6, pois aponta, em sua representação concreta, como sucede com o ideograma desse número, o Zênite e o Nadir, o Norte, o Sul, o Oeste e o Leste; em toda parte se vê a unidade, e essa unidade refletida em todas as unidades. É o emblema da atividade de *Fohat*, da contínua revolução das "rodas", e o emblema dos Quatro Elementos, o "Quatro Sagrado", em seu sentido místico, e não apenas no sentido cósmico; por outra parte, seus quatro braços, dobrados em ângulos retos, guardam íntima relação com as escalas pitagórica e hermética. Aquele que tiver sido iniciado nos mistérios do significado da Suástica, dizem os Comentários, "pode retraçar nela, com precisão matemática, a evolução do Kosmos e todo o período de *Sandhyâ*". Também "a relação do Visível com o Invisível" e "a primeira procriação do homem e das espécies".

Para o ocultista oriental, a ÁRVORE do Conhecimento, no Paraíso do próprio coração do homem, converte-se na Árvore da Vida eterna, e nada tem a ver com os sentidos animais do homem. É um mistério absoluto que só se revela com os esforços do aprisionado *Manas* e do Ego para libertarem-se da escravidão da percepção sensorial e verem à luz da Realidade única, eternamente presente. Para o cabalista ocidental, e agora muito mais para o simbologista superficial, criado na atmosfera letal da ciência materialista, a explicação principal dos mistérios da Cruz está no seu elemento sexual.

Contudo, para o seguidor da verdadeira Sabedoria oriental arcaica, para aquele que não cultua em espírito nada que não seja a Unidade Absoluta, esse grande *Coração* que pulsa por todo o sempre, que palpita em todas as coisas, em cada átomo da natureza; para ele, cada um desses átomos encerra a semente da qual é capaz de fazer vicejar a Árvore do Conhecimento, cujos frutos dão a vida eterna e não somente a vida física. Para ele, a Cruz e o Círculo, a Árvore ou o Tau – mesmo depois que todos os símbolos a eles relacionados tenham sido aplicados e interpretados, um após outro – permanecem um profundo mistério em seu Passado, e é só para esse Passado que ele dirige as suas vistas ansiosas. Pouco lhe importa que seja a semente de que procede a *Árvore genealógica da Existência*, chamada Universo. Não lhe interessa tampouco o Três em Um, o tríplice aspecto da semente – sua forma, cor e substância –, e sim a FORÇA, sempre misteriosa, sempre desconhecida, que dirige o seu crescimento. Porque essa Força vital – que faz germinar a semente, abrir-se e deitar rebentos, formar o tronco e as ramagens, que depois se curvam como os ramos de *Ashvattha*, a Árvore sagrada de Bodhi, lançam suas sementes, e estas, enraizando-se, produzem novas árvores – é a única FORÇA que tem realidade para ele, por ser o sopro de vida que não morre jamais. O filósofo pagão buscava a causa, o de hoje contenta-se tão somente com os efeitos, buscando a causa nos efeitos. O que há além ele ignora, não interessa ao *agnóstico* moderno, que refuga assim o único conhecimento sobre o qual poderia basear a sua ciência com toda a segurança. E, no entanto, essa Força manifestada oferece uma resposta àquele que se detém em aprofundá-la.

Admitindo tacitamente a Onipresença do Círculo sem Limites e dela fazendo o postulado universal sobre que se alicerça todo o universo manifestado, o Sábio guarda um silêncio reverencioso a respeito daquilo que não deve ser objeto das especulações do homem mortal.

RESUMINDO

Recapitulemos e mostremos, pela vastidão dos temas expostos, o quanto é difícil – se não impossível – fazer-lhes inteira justiça.

1. *A Doutrina Secreta* é a Sabedoria acumulada ao longo das eras, e só a sua cosmogonia é o sistema mais estupendo e complexo. É o registro ininterrupto que abarca milhares de gerações de Videntes, cujas respectivas experiências foram feitas para testar e verificar as tradições transmitidas oralmente por uma das primeiras raças à outra, dos ensinamentos de seres superiores e exaltados, que velavam a infância da Humanidade. Não há visão de adepto que tenha sido aceita sem que fosse verificada e confirmada pelas visões – obtidas de modo a sustentar-se como provas independentes – de outros adeptos e por séculos de experiências.

2. A Lei fundamental desse sistema – o ponto central do qual tudo surgiu, em torno do qual e para o qual tudo gravita, e sobre o qual se baseia a filosofia do resto – é o PRINCÍPIO-SUBSTÂNCIA Único, divino e homogêneo, a única causa radical. É chamado "Princípio-Substância" porque se torna "substância" no plano do Universo manifestado, uma ilusão, ao passo que permanece um "princípio" no ESPAÇO abstrato, visível e invisível, sem começo e sem fim. É a Realidade onipresente, impessoal, porque encerra tudo e todas as coisas. *Sua impessoalidade*

é o conceito fundamental do sistema. Está latente em cada átomo do Universo e é o próprio Universo.

3. O Universo é a manifestação periódica dessa Essência Absoluta desconhecida. O que melhor o descreve não é nem Espírito nem matéria, mas, sim, ambos.

4. Ao Universo, com tudo que encerra, chama-se MÂYÂ, pois nele tudo é transitório, da vida efêmera de um vaga-lume à do Sol. Comparado à imutabilidade eterna do UNO e à constância desse Princípio, o Universo, com suas formas evanescentes em perpétua mudança, não será para o filósofo senão uma miragem. No entanto, o Universo é real o bastante para os seres conscientes que nele habitam, os quais são tão irreais quanto ele próprio.

5. Tudo no Universo, em qualquer que seja o reino, é CONSCIENTE, ou seja, é dotado de uma consciência *sui generis* e característica de seu próprio plano de percepção. Devemos lembrar-nos de que o fato de *nós* não percebermos nenhum sinal – que possamos reconhecer – de consciência, digamos, nas pedras não nos faculta direito algum de dizer que *não existe nelas nenhuma consciência*. Não há matéria "morta" nem "cega", assim como não há Lei "Cega" nem "Inconsciente".

6. O Universo é operado e *guiado de dentro para fora*. O que está acima é como o que está abaixo; assim no céu como na Terra. E o homem – microcosmo e cópia em miniatura do macrocosmo – é a testemunha viva dessa Lei Universal e de sua ação. Vemos que, independentemente de ser voluntário ou mecânico, orgânico ou mental, todo movimento, ato e gesto *exterior* é produzido e precedido por sentimento ou emoção, vontade ou volição e pensamento ou raciocínio *interiores*. Todo o Kosmos é guiado, controlado e animado por séries de Hierarquias quase infinitas de Seres sencientes, cada qual com uma missão a cumprir. Não importa que nome lhes demos nem que os chamemos de *Dhyân-Chohans* ou Anjos, eles são "mensageiros", mas apenas por serem os agentes das Leis Cármicas e Cósmicas.

Toda a ordem da natureza demonstra claramente uma marcha gradual em direção a *uma vida superior*. Há um desígnio na ação das forças aparentemente mais cegas. Todo o processo da evolução, com suas inumeráveis adaptações, é prova disso. Apesar de tão cruéis em seus efeitos imediatos, as leis imutáveis, que separam as espécies fracas e frágeis para dar lugar às fortes e garantem a "sobrevivência dos mais aptos", todas contribuem para o grandioso fim. O próprio *fato* de as adaptações *efetivamente* ocorrerem, de os mais aptos *efetivamente* sobreviverem na luta pela existência, mostra que aquilo que se chama "Natureza inconsciente" na verdade é um agregado de forças manipuladas por seres semi-inteligentes (os Elementais) guiados por Altos Espíritos Planetários (os *Dhyân-Chohans*), cujo agregado, tomado coletivamente, forma o *verbo* manifestado do LOGOS não manifestado e constitui, ao mesmo tempo, a INTELIGÊNCIA do Universo e sua LEI imutável. A filosofia esotérica imprime-nos no pensamento três distintas representações do Universo em seus três distintos aspectos: o PREEXISTENTE, (produzido a partir do) SEMPRE EXISTENTE e o FENOMENAL – o mundo da ilusão, o reflexo e sua sombra.

Qualquer que possa ser o destino desses escritos em um futuro remoto, esperamos ter conseguido provar até aqui os seguintes fatos:

1. A Doutrina Secreta não ensina nenhum *ateísmo*, a não ser na acepção dada pelos hindus à palavra *Nâstika*, ou seja, a rejeição dos *ídolos*, inclusive de todo deus antropomórfico. Nesse sentido, todo ocultista é um *Nâstika*.

2. Ela admite um Logos ou um "Criador" coletivo do Universo; um *Demiurgo*, no sentido que se dá à palavra quando se fala de um "Arquiteto" como o "Criador" de um edifício, quando esse Arquiteto jamais tocou em qualquer das pedras que o compõem porque, apesar de fornecer a planta, deixou aos pedreiros todo o trabalho manual. Em nosso caso, o plano foi fornecido pela Ideação do Universo, e o trabalho da construção coube às Legiões de Poderes e Forças inteligentes. Porém esse *Demiurgo* não é uma divindade *pessoal* – isto é, um *deus imperfeito extracósmico* –, mas, sim, apenas o agregado dos *Dhyân-Chohans* e das outras forças. Quanto a estas últimas:

3. Têm caráter dúplice, sendo compostas *(a)* da *energia bruta* irracional, inerente à matéria, e *(b)* da alma inteligente ou consciência cósmica que dirige e orienta essa energia, a qual é o *pensamento Dhyâni-Chohânico refletindo a Ideação da mente Universal*. Isso ocasiona uma série perpétua de manifestações físicas e *efeitos morais* na Terra, durante períodos *manvantáricos*, e todo o ser torna-se subserviente ao *carma*. Como esse processo nem sempre é perfeito e como, apesar de todas as provas que possa dar de uma inteligência-guia por trás do véu, ainda apresenta lacunas e imperfeições, podendo mesmo muitas vezes resultar em evidentes fracassos, nem a Legião (Demiurgos) nem nenhum dos poderes operantes individualmente são objetos dignos de adoração ou de honrarias divinas. Porém todos têm direito à grata reverência da Humanidade, e o homem tem a obrigação de lutar sempre para contribuir para a evolução divina das *Ideias*, esforçando-se ao máximo para ser um *colaborador da natureza* na tarefa cíclica.

4. A Matéria é *Eterna*. Ela é o *Upâdhi* (a base física) em que a Mente Universal, Única e infinita, cria suas ideações. Portanto, os esoteristas afirmam que não existe na natureza matéria inorgânica ou *morta*; a distinção feita entre as *duas* pela Ciência é tão infundada quanto arbitrária e carente de razão.

5. O Universo evoluiu de seu plano ideal, mantido por toda a Eternidade na inconsciência daquilo que os vedantinos chamam *Parabrahman*.

Glossário e índice remissivo

Os parênteses ( ) indicam grafias alternativas. Os colchetes [ ] fornecem derivações e definições. Os números em **negrito** mostram que a palavra figura nas estâncias.

Abba [Pai, personificação cabalística (partzut) do sephira Chokhmah], 144

Adão [primeiro homem na Bíblia], 169-70, 215-6

Adão Kadmon [hebraico: homem arquetípico na *Cabala*], 138, 184

Âdi [sânscrito: primeiro], Âdi-Nidana [causa], **55**; Âdi-Sanat [ancião], 55

Aditi [sânscrito: espaço cósmico], 43n, 143

Adônis [consorte da deusa Afrodite], 165

Aether [grego: substância luminosa que impregna o universo], 141-3, 149, 183

Agathodæmon [grego: o espírito do bem], 172, 175

Ahâmkara [sânscrito: consciência do eu], o sentimento do Eu Sou, 191: três formas de, 191-2

Ah-hi [senzar: legiões de seres espirituais], 38

Ahriman [persa: espírito oposto], 208

Ahura-Mazda [a Sabedoria do Senhor, fonte criadora no zoroastrismo], 206

Ain-Soph [hebraico: princípio ilimitado abstrato], 143, 179, 183

Akâsha [sânscrito: espaço universal], 55, 74, 141-2

Alaya [sânscrito: Alma do Mundo], **41**, 41, 45

Alfa Draconis [Thuban ("cabeça de serpente") na constelação de Draco, estrela polar durante a construção das pirâmides do Egito], 171

Alma Suprema [inglês: princípio universal], 32, 154

Alquimia, 137

Amânasas [sânscrito: as primeiras raças humanas sem mente], 90, **105**

Amenti [estado após a morte dos egípcios], 149, 161, 222

América, 118

Amitâvha [sânscrito: luz sem limites, quarto Dhyâni-Buddha], 203

Amona [Mãe, personificação cabalística (partzut) do sephira Binah], 142

Amrita [sânscrito: néctar da imortalidade malaxado do oceano de leite], **49**

Amshaspends [persa: as seis divindades que assistem a Ahura-Mazda], 139, 184, 212

Anâgâmin [sânscrito: estágio que precede o de arhat], 68

Ananta [sânscrito: serpente da eternidade], 172 – *ver também* Sesha

Anel "Não Passarás" [limites externos], 41

Anguinum [latim: o auspicioso ovo de serpente dos druidas], 149

Anima Mundi [latim: Alma do Mundo], **41**, 41, 45, 55, 232

Anjo(s) Sesha, 57, 79, 101, 147, 205-6, 229

Anupâdaka [sânscrito: destituído de pais], **41**, 41, **60**

Apolo [deus grego associado à cura, à profecia, à poesia e à música], 165

Arba-il [hebraico: o quatro místico], 190

Arhat(s) [sânscrito: aquele que é digno, um adepto], 68, 100, **101**, 172

Arjuna [herói do *Mahabharata*, o *Bhagavad Gîtâ*, em seu diálogo com seu cocheiro Krishna], 171

Ártemis [deusa grega virgem associada à caça], 164; Lochia, 165; Soteira, 166

Arûpa [sânscrito: informe], **43**, **54**, **55**, 60, **62**

Arvâksrotas [sânscrito: a sétima criação, a da humanidade], 193

Aryâsanga [estudioso budista do século IV d.C.], 41

Ashvattha [sânscrito: árvore da vida dos indianos, com raízes no céu e ramos que descem à Terra], 170, 226

Astarteia (Astoreth) [deusa da fertilidade da Fenícia e da Arábia], 166

Asura(s) [sânscrito: divindades demoníacas no hinduísmo/deuses menores no budismo], 176, 207-8, 212

Átis [consorte masculino da deusa Cibele], 165

Atlante(s), 10, 13, 104, 106, 109-11, 113-4, 117, 166-7, 197, 210, 215, 217; lêmuro-, 113

Atlântida [berço da Quarta Raça], 113, 210; feiticeiros da, 179, 210

Âtma [sânscrito: sopro/Mônada divina], **69**, 183, 203

Âtmâ-Buddhi [sânscrito: alma espiritual], **69**, **72**, 73

Âtmâ-Buddhi-Manas [sânscrito: Espírito, alma e inteligência], 70

Átomo(s), **52**, **48**, **60**, 57, **70**, 152, 193, 226, 228

Auphanim [hebraico: anjos das esferas/rotação cósmica da matéria], 138

Avalokiteshvara [sânscrito: bodhisattva, emanação de Amitâvha], **69**, 184, 202-3

Avasthâs [sânscrito: hipóstases, aquilo que se manifesta], **49**

Avatar(es) (Avatâra) [sânscrito: encarnação do divino], 151, 154, 202, 206

Baco [latim, do grego *Bakchos*: exotericamente, o deus do vinho], 165

Bar-Hebraeus, Gregório [bispo ortodoxo sírio, nascido Abu'l--Faraj], [1226-1286], 214

Barhishad [sânscrito: Pitris lunares, os pais da Primeira Raça], 91

Berose [sacerdote e historiador babilônio do século III a.C.], 128; o *Ilus* de, 139

Bes [deus egípcio representado como um anão, protetor do lar e da família], 161

Bhagavad Gîtâ [instrução de Krishna no sexto livro do *Mahabharata*], 157, 170, 183

Bhagavad-Purâna ["Livro de Deus", purâna dedicado às encarnações de Vishnu, especialmente Krishna], sobre o pralaya, 152

Bhâskara [sânscrito: o fazedor da luz], **55**-6

Bhûmi [sânscrito: a Terra], **69**, **72**

Bhûta [sânscrito: um fantasma], **92**; segunda criação, 191

Bíblia [escritura cristã oficial, que abarca a Lei Judaica (Antigo Testamento) e seu Cumprimento (Novo Testamento)], 117, 123, 130-1, 137, 140, 142, 164, 190, 209

Binah [hebraico: Compreensão, o terceiro sephira], 144

Blavatsky, H. P., *Ísis sem véu*, citações de, 140, 154n, 182n,

Bodhisattva [sânscrito: personificação da compaixão/ser transcendente], 202

Brahmâ [sânscrito: aspecto criador da trindade hindu], 44, **47**, 49, **99**, 100, 145, 151, 153, 184; Dias e Noites de [cada um com duração de 4.320.000.000 de anos], 190, 56, 153; -Rudra, 194

Brahman [sânscrito: o Absoluto], 171

Buddha [sânscrito: o despertado; aqui, Gautama], 216, 225

Buddhi [sânscrito: intuição alma/ espiritual], 32, 192, 203
Budha [sânscrito: o planeta Mercúrio], **80**, 80, 204

Cabala [hebraico: tradição esotérica judaica], 138, 184, 186
Carma, 32, 61, **105**, 115, 135, 230; lei da retribuição, 56
Caldeus: Livro dos números, 138; cosmogonia, 137
Caos [grego: princípio criador primordial], **48**, **63**, 137-8, 142, 145, 182, 184
Censorino [gramático romano do século III d.C.], *On the day of birth* (de die natali), 185n
Chela (sânscrito: aquele que se dedica à busca espiritual), 50n
Chesed [hebraico: Misericórdia, o quarto sephira], 224
Chhâyâ(s) [sânscrito: sombra, ser não corpóreo], **90**, **92**, 94, **94**, **98-9**, **103**
Chhâyâ-Loka [sânscrito: o mundo de sombras da forma primitiva], **60**
China, 157, 202
Chohans [Senhor, Mestre, Chefe], **87**
Chokhmah [hebraico: Sabedoria, o segundo sephira], **144**
Chrests (Chrestos) [grego: aquele que é digno], 224
Cibele [deusa-mãe mediterrânea], 165
Ciclo: da existência, 39; da encarnação, 32

Clemente de Alexandria [teólogo cristão do século III], 164, 217
Cobra *Midgard* [serpente gigantesca que circundava o mundo nórdico], 171
Confúcio [K'ung-fu-tzu, 551-479 a.C.], 221
Corão [revelação do profeta Maomé], 214
Cronos (Kronos) [grego: tempo sem fim], 159
Crux-Ansata [latim: cruz com a alça], 132

Dalai-Lama [encarnação de Kwan-Shi-Yin (Avalokiteshvara)], 203
Damáscio [filósofo neoplatônico do século VI], 182
Dangma [tibetano: alma purificada], 40-1
Davids, T. W. Rhys [estudioso britânico do páli, 1843-1922], 203
Demiurgo [grego: arquiteto do universo], 142, 158, 229; não uma divindade pessoal, 229
Deus, 161, 167, 187
Devachan [estado após a morte análogo ao bardo], 148
Devas [sânscrito: classe de seres espirituais], 210-1; Lunares, 210-1
Devasarga [sânscrito: criação divina], 192
Dhyâni-Buddhas [sânscrito: exotericamente, cinco classes de

seres espirituais; esotericamente, sete], 32, 41, 58, 75, 203

Dhyân-Chohans [sânscrito: aspecto ativo dos Dhyâni-Buddhas], Dhyân(s) [sânscrito: termo genérico para a atuação dos seres celestes], 39, 54, 60-1, 87, 91, 138-9, 171, 184, 192, 194, 202, 228-9

Diana [deusa romana da lua], 163-4

Dionísio [deus grego da vinha, da fertilidade e da criatividade], 146, 165

Dodecaedro [grego: figura geométrica composta de doze partes], 142

Doutrina Secreta, três proposições fundamentais, 30-1

Dragão [latim: dragão/constelação do norte em forma de dragão], 173

Dragão: das trevas, 148, 176; da luz, 176; -Logos, 172; da sabedoria, 57, 201, 203

Druida [fraternidade sacerdotal da antiga Bretanha], 149

Durgâ [deusa hindu, Shakti de Shiva], 166

Dyaus [sânscrito: céu], 153

Dzyan (ou Dzan) [senzar: sabedoria, conhecimento divino], livro de, 30, 32-3

Dzyu [senzar: sabedoria oculta], **58**

Éden [hebraico: jardim na Bíblia/ lugar de iniciação], 171, 210

Edris [árabe: aquele que sabe/ Enoch], 214

Egito, 122n, 127-9, 132-3, 137, 146-7, 149, 160, 172-3, 203, 210, 214-5, 222, 225; sacerdotes do, 149

Elementais [forças da natureza], 92, 229

Elias [profeta bíblico levado aos céus em um carro de fogo], 216

Elohim [hebraico: hierarquia de seres celestes criadores], 38-9, 64, 71, 87, 138, 207; deuses nascidos por si mesmos, 191

Enoch (Enos, Hanoch, Enoichion) [hebraico: patriarca bíblico/um iniciado], 213; livro de, 216

Éons [latim: seres angélicos e períodos de tempo dos gnósticos], 37, 167, 171, 178, 220

Epifânio [bispo cristão do século IV d.C. que escreveu contra grupos heréticos], 170

Eros-Phanes [grego: a força de atração que faz nascer o universo], 148

Escaravelho [scarabaeus sacer, besouro egípcio, símbolo do renascimento], 148, 220

Espaço, **44**, 50, 207, 227; corpo do universo, 141; elemento eterno, 44; eterno pai/mãe, **37**

Éter [quinto elemento], 55, 65, 74, 92, 139-40, 141, 149, 184, 190

Eva [mulher de Adão], 170

Ezequiel [profeta/sacerdote visionário bíblico durante o cativeiro babilônio], 147, 221

Fa-hwa-king [chinês: Sûtra do Lótus], 201, 202n
Febo [um dos Titãs gregos], 163
Ferécides de Siro [filósofo grego do século VI a.C.], 221
File [ilha do Nilo no sul do Egito], templo de, 222
Fílon de Alexandria [filósofo judeu do século I d.C.], 142
Filóstrato [escritor grego do século III d.C., autor de *Vida de Apolônio de Tiana*], 170
Fohat [senzar: unidade transcendente que enlaça todas as energias cósmicas], 51, **52**, 58, 59, 60, **60**, 89, 224-5; eletricidade cósmica, 52; energia cósmica, 136; fio de, 72-3
Fravashi (Ferouer) [persa: duplo ou sombra de um ser], 206

Gangâ [sânscrito: o Ganges, rio sagrado da Índia], 160
Gautama [sânscrito: Buddha da presente era], 203, 234
Geburah [hebraico: Força/Poder, o quinto sephira], 224
Gênese, livro do, 137-8, 191, 213n
Gnósticos, 172, 178, 204, 206
Grande Sopro [inglês: movimento], 31, 40
Grécia, 129, 146, 214
Grove, Sir William (cientista britânico, 1811-1896), 198

Hades [grego: o mundo subterrâneo dos mortos], 222

Hamsa [sânscrito: cisne cósmico/ nascido do ovo], 97
Hea [deus caldeu das águas subterrâneas], 216
Hea-bani [forma caldeia de Enkidu, companheiro de Gilgamesh], 216
Hécate (Hekat) [deusa grega da noite e da magia], 164-5; tríplice, 165
Hegel, Georg W. F. [filósofo alemão, 1770-1831], 208
Hermes [deus grego/sabedoria oculta], 147, 204, 214-5; Trismegisto [três vezes grande], 148, 183, 204, 217; Tabula Smaragdina [tábua de esmeralda], 222
Heródoto [historiador grego do século V a.C.], 146
Hesíodo [poeta grego do século VIII a.C.], 215; *Teogonia*, 182
Héspero [grego: estrela-d'alva], 163
Hiquit [deusa egípcia ligada ao parto, representada por um sapo], 161
Hiram Abif [mestre-construtor bíblico do Templo de Salomão], 130
Hiranyagarbha [sânscrito: ovo luminoso do qual surge Brahmâ], 49, 171
Homero [poeta épico grego do século VIII a.C.], 182
Hórus [deus egípcio solar, filho de Ísis e Osíris], 159
Hvergelmir [primavera sagrada nórdica], 171

Ilha de Páscoa [ilha do Pacífico, a oeste do Chile, resquício da Lemúria], 113, 132-3, 222
Ilitiia [deusa grega que assistia ao parto, associada à Ártemis], 165
Ilus [grego: lodo primordial], 139
Índia, 128, 137, 146, 159, 170, 173, 197, 205
Indovanshas [sânscrito: dinastia lunar], 167
Indriya [sânscrito: órgão dos sentidos/terceira criação], 192
Iniciação, quatro graus de, 68
Isdubar [o herói sumério Gilgamesh], 216
Ísis [deusa egípcia protetora, "senhora da casa da vida"], 149, 159, 164-5
Israel, 215

Jâmblico [filósofo neoplatônico do século IV d.C.], 203
Japão, 157
Java-Aleim [hebraico: deuses senhores/os hierofantes], 217
Jeová [divindade dos hebreus], 164, 173, 197, 216
Jesus [filho de Deus dos cristãos], 173
Jiva [sânscrito: a Mônada em conjunção com Manas], 73, 81, **87**, 88, **99**
Jivanmukta [sânscrito: aquele que foi libertado], 152
Jones, Sir William [orientalista britânico pioneiro, 1741-1794], 157

Josefo, Flávio [historiador judeu do século I d.C.], 214-6; *Jewish Antiquities*, 216
Judaísmo, possui duas chaves, 130
Judeus, 38, 164
Júpiter [deus do céu, divindade soberana dos romanos], 221; -Titã, 179

Kabir(i) [grego: hierarquias cósmicas], 198
Kakodæmon [grego: espírito negativo], 173, 175
Kâla [sânscrito: tempo], 171
Kâlahamsa [sânscrito: o cisne dentro e fora do tempo, símbolo da eternidade], 145, 147, 202
Kali Yuga [sânscrito: presente era de obscurantismo, que durará 432 mil anos], 154-5, 202
Kalki [sânscrito: avatar de Vishnu, que surgirá ao fim do Kali Yuga], 154
Kalpa [sânscrito: ciclo de tempo, geralmente igual a um Dia e uma Noite de Brahmâ], **62**, 81, 151, 192; mâha-, 151 sete, 134
Kâma [sânscrito: desejo], 99
Kâma-Loka [sânscrito: estado após a morte no qual os elementos grosseiros da personalidade se desintegram], 61, 196
Kâma-Rûpa [sânscrito: veículo do desejo], 92, 94, 99
Kapila [sânscrito: um dos Kumâras esotéricos], 194

Kârana [sânscrito: causa sempre ativa], 54n
Kavyavâhana [sânscrito: fogo intelectual], 91
Kether [hebraico: a Coroa, o primeiro sephira], 143-4
Khado [tibetano: demônio fêmea], 111
Khum [poder criador/deus egípcio], 148
Kin-kwang-ming-king [chinês: "Sûtra Luminoso da Luz Dourada", sânscrito: *Suvarna-prabhâsa sûtra*], 202
Kircher, Athanasius [estudioso jesuíta alemão, 1601/2-1680], *Oedipus Aegyptiacus*, 148
Kirjath-Sepher [hebraico: Debir, a "cidade das letras" no antigo Israel], 214
Kosmocratas [grego: construtores do sistema solar], 79
Kosmos [grego: o universo], 39-40, 48, **67**, 132, 139, 142, 146, 152-3, 178, 190, 192, 203, 225, 228; septenário, 53
Krishna [oitavo avatar de Vishnu], 171
Krita Yuga. *Ver* Satya Yuga
Kriyâshakti [sânscrito: visualização criadora], 101
Kwan-Shi-Yin [chinês: aspecto masculino de Avalokiteshvara, o bodhisattva da compaixão], **50**, **63**, 201-4
Kwan-Yin [chinês: aspecto feminino de Avalokiteshvara], **64**, 202-4
Kwan-Yin-Tien [chinês: morada de Kwan-Yin], **63**, 64

Kumanda-pati [sânscrito: senhor do lótus/da lua], **80**
Kumâra(s) [sânscrito: os filhos sempre jovens nascidos da mente de Brahmâ que se recusaram a criar], 194 ; nona criação, 194

Lakshmi [deusa hindu da prosperidade], 158
Lankâ [sânscrito: ilha-fortaleza, lar de Râvana], 210
Lanu [sânscrito: discípulo], **50**, **67**, **69**, **94**
Laya [sânscrito: ponto zero em que a diferenciação cessa], centros, **64**, 192
Leibniz, Gottfried Wilhelm [cientista/filósofo alemão, 1646-1717], mônadas de, 57, 64
Lemúria [lar indo-pacífico da Terceira Raça], 114
Lemurianos, 111, **113**, **114**
Lévi, Eliphas [mago/cabalista francês, 1810-1875], 224
Lha(s) [tibetano: seres celestes, ancestrais espirituais da humanidade], **79**, **84**, **105**; quíntuplo, 73; da Lua, 91; solar, **92**
Lhamayin [tibetano: espíritos terrestres], **84**
Lipika [sânscrito: registradores celestes], **58**, **60**, **61**, 62, **67**; associados ao carma, 56, 61; escreventes, **56**
Livro dos Mortos [texto fúnebre egípcio], 137, 148, 167

Logos [grego: divindade manifestada/causa primeira], 45, 51, 55, 58, 158, 171, 173, 183-6, 206, 208, 211, 229; proto- [homem arquetípico], 144

Loka-Chakshuh [sânscrito: o olho do mundo, o sol], **79**

Lokas [sânscrito: mundo/plano], **80**

Lótus, 44, **47**, 159; Senhor do, **80**

Lua, 92, 93, **97**, 163; peixes, Pecado e, **73**, 74-5; Lha da, 91; Senhores da, 87; mistério dos mistérios ocultos, 166; mais velha que a Terra, 85

Luciana [deusa romana ligada ao nascimento das crianças], 165

Luna [deusa romana da lua], 164-5

Luz, **51**

Luz Astral, 141, 179; o grande museu de quadros da eternidade, 56

Mabbul [hebraico: águas do Dilúvio], 160

Mackenzie, Kenneth R. H. [escritor maçom inglês, 1833-1886], 123

Mâdhava/Mâdhavi [epítetos de Vishnu e sua consorte], 160

Magnes [latim: luz sideral, a força inerente ao ímã], 142

Magos [sacerdotes do fogo da antiga Pérsia], 115

Mâha [sânscrito: grande], -kalpa [período de tempo], 151; -mâyâ [ilusão], 90; -pralaya [dissolução universal], 151-2; *Mahâyuga* [período de tempo: quatro yugas], 110

Mahâmanvantara [período de tempo], 145

Mahat [sânscrito: mente universal], 100, 160, 191, 206; tattva [a primeira criação], 191

Maia [grego: mãe de Hermes], 166

Maitreya [sânscrito: futuro Buddha], 160, 202

Makara [sânscrito: criatura aquática que representa o signo de Capricórnio], 153, 159

Malkhut [hebraico: Reino, o décimo sephira], 224

Manas [sânscrito: mente], 13, 32, 88, 91, **105**, 225

Manasa [sânscrito: Pitris espirituais ou Dhyânis], 100

Manasaputras [sânscrito: filhos da mente, seres que ajudam a desenvolver a mente da humanidade], 100

Mandâkimî [sânscrito: o Ganges], 160

Mandala [sânscrito: círculo], 160

Mandara [montanha usada para malaxar o oceano de leite hindu], 160

Mândûkya Upanishad [sânscrito: upanishad *Atharva Veda* que expõe os quatro estados da consciência e a significação do OM], 31

Mantras [sânscrito: palavras de poder], 202

Manu [sânscrito: o homem que pensa/título de uma série de legisladores divinos], **73**, 90, 154, 160, 190

Manushyas [sânscrito: seres humanos], 91

Manvantara [sânscrito: grande ciclo de vida, período que dura 4.320.000.000 de anos], 32, 53, 65, 73, 74, 104, 172

Marcos [mestre gnóstico do século II d.C.], 173

Massey, Gerald [simbologista britânico, 1828-1907], "Luniolatry", sobre a função dos mitos, 121

Mâtripadma [sânscrito: a mãe-lótus, matriz da natureza], 44

Matsya [avatar-peixe de Vishnu], 160

Mâyâ [sânscrito: ilusão, o mundo fenomenal], 38, 40, **45**, 66, **72**, 166, 228; mãe de Buddha, 160

Meborach [hebraico: santo/bendito, nome de Deus], 160

Melita [deusa-mãe mesopotâmia], 165

Mendes [cidade do delta do Nilo no antigo Egito], touro sagrado de, 161

Mênfis [capital do antigo Egito até o século VI a.C.], 128

Mente, 38

Mercabah [hebraico: carro sagrado na visão de Ezequiel], 147

Mercúrio [latim: senhor da sabedoria/planeta], 80, 146, 204, 214, 222

Meru [sânscrito: montanha sagrada dos deuses], 157

Metis [deusa grega da sabedoria], 160

Midrashim [hebraico: comentário instrutivo sobre a torá], 216-7

Mimra [hebraico: voz ou logos], 160

Mina [sânscrito: peixe, o signo de Peixes], 160

Minerva [deusa romana da sabedoria], 160, 167

Mithras [deus persa do sol muito popular entre os militares romanos], 160

Moisés [profeta bíblico nascido no Egito], 215; um iniciado, 129; tabernáculo de, 129

Moksha [sânscrito: libertação, liberdade diante dos vínculos terrenos], **38**

Mônada(s) [latim: alma peregrina], 32, 57, 62, 64, 73, 75, 84, **87,** 88, **92**, 93, **99**, 99, 160, 183, 185, 192, 203; Ego-Mônada, 72

Mukhya [sânscrito: quarta criação, a primária], 192

Mukti [sânscrito: libertação], 216

Mulaprakriti [sânscrito: princípio mais profundo, elemento primário], 45, 140, 184

Mut [deusa-mãe egípcia], 160

Nâgas [sânscrito: serpentes, nome dado aos adeptos hindus e tibetanos], 170

Nahbkun [deus-serpente egípcio, emblema da ressurreição da Natureza], 203

Nârâyana [sânscrito: um dos epítetos de Vishnu, o que move as águas], 138
Nâstika [sânscrito: aquele que não rende culto aos deuses], 229
Nazarenos [os primeiros seguidores de Jesus de Nazaré], 128
Neith [deusa egípcia dos começos], 165
Nephthys [deusa egípcia irmã de Ísis], 165
Nidana [sânscrito: doze elos ou causas da existência], 38, 40, **54**
Nidhogg [serpente que roía as raízes da árvore nórdica do mundo], 171
Nilalohita [sânscrito: aspecto de Shiva], 194
Nirguna [sânscrito: sem atributos], 91
Nirvana [sânscrito: cessar da ignorância], 41, **68**, 216; os quatro caminhos que levam ao, 68; pralaya individual, 152
Noé [representação da Quinta Raça-Raiz], 217
Númeno [grego: natureza essencial de uma coisa percebida independentemente dos objetos dos sentidos], 59, 62, 137, 153, 195

OEAOHOO [o nome oculto da manifestação de "sete vogais" sempre presente do princípio universal], **49**; pai-mãe dos deuses, 49
Ofitas [fraternidade gnóstica do Egito que reverenciava a serpente], 169-70, 172, 203

OI-HA-HOU [senzar: causa sempre ativa], **54**
Orfeu [mestre espiritual que estabcleceu os mistérios], 214-5
Orígenes [teólogo cristão do século II/III], 164, 217-8
Ormazd [o logos criador dos zoroastrianos, Ahura-Mazda], 184, 208; -Ahriman, 176
Osarim [um iniciado], 222
Osíris [o regente egípcio do mundo subterrâneo/um aspecto do Logos], 147, 159, 165, 184, 196, 222; -Lunus, 166; -Tífon, 176
Ovo Órfico [Ovo Cósmico que forma o mundo], 146
Ovo, 44, 48, **54**, **62**; nascidos do, 97, **99**; divino, 49, 148; de ouro, 146; luminoso, **49**; Órfico, 146; virgem, **48**; do mundo, **48**
Ozymandias [transliteração grega do título do Faraó Ramsés II], 132

P'u-to [pequena ilha do arquipélago de Zhoushan, na China, centro de peregrinação de Kwan-Yin], 202
Padma [sânscrito: lótus], 44, 151, 158
Pai-Mãe, 39, 52
Palenque [antiga cidade maia no México], 132
Panchen Lama [encarnação de Amitâvha], 203
Parabrahman [sânscrito: além de Brahman/realidade absoluta], 140, 179, 184, 221, 230

Paramârtha [sânscrito: estado absoluto], 41; Paramârthasatya [verdade suprema], 43
Paranishpanna [sânscrito: perfeição absoluta], 39, 43
Parinirvâna [sânscrito: estado atingido pela Mônada ao fim do grande ciclo], **39**, 75
Pâtâla [sânscrito: mundo subterrâneo], 222
Pentágono [figura de cinco lados], 160
Pentateuco [cinco primeiros livros da Bíblia, a torá], 138
Peregrino [inglês: nome dado à Mônada durante seu ciclo de encarnações], 32
Pistis Sophia ["Sabedoria Intuitiva", texto gnóstico do século III d.C.], 173, 217
Pitágoras [sábio, vidente e mestre grego do século VI a.C.], 183, 185, 215, 221
Pitagórico, 185; década [número sagrado 10], 132, 221
Píton [espírito da terra para os gregos, tinha a forma de uma cobra e foi morto por Apolo], 212
Pitri-Pati [sânscrito: o rei dos Pitris, Yama], 80
Pitris [sânscrito: pais, ancestrais lunares, criadores da humanidade], 71, 87, 91, 187, 194, 207; sagrados pais, **54**
Platão [filósofo grego do século V/IV a.C., um iniciado], 135, 142, 149, 183-4, 215

Pleroma [grego: mundo divino], 170, 178
Plínio, o Velho [século I d.C., autor de *História Natural*], 221
Plutão [deus romano do mundo subterrâneo], 196
Porfírio [autor neoplatônico do século III D.C.], 146, 182-3
Prajâpatis [sânscrito: progenitores da humanidade], 144, 187, 194
Prâkrita [sânscrito: primário/elementar], criação, 189, 192
Prakriti [sânscrito: matéria/substância primária], 52
Pralaya [sânscrito: período de dissolução ao fim de um ciclo planetário, cósmico ou universal], 37, 47, 53, 65, 75, 136, 151, 153; quatro tipos de: Âtyantika [individual], Naimittika [ocasional], Nitya [constante], Prâkrita [ao fim de uma Era de Brahmâ], 152; Mâha-, 152-3
Prândha [sânscrito: metade da existência de Brahmâ], 151
Prithivi [sânscrito: a Terra], 72
Prosérpina [a Perséfone romana, rainha do mundo subterrâneo], 165
Proteu [grego: o que se metamorfoseia], 137
Protilo [grego: substância primordial hipotética e homogênea], 139
Ptah [criador egípcio], 148, 221
Purânas [sânscrito: antigas narrativas sobre os deuses hindus], 123

Purusha [sânscrito: espírito], 52
Pu-tsi-k'ium-ling [chinês: salvador universal de todos os seres, epíteto de Kwan-Shi-Yin], 202

Quéops [faraó a quem se atribui a construção da Grande Pirâmide de Gizé], 222

Rá [senhor egípcio dos céus], 148
Raça(s): primeira, **93**, 97, 106, 111; segunda, **94**, 97, 106; terceira, **92**, 94, 100, **101**, 104, 106, 112, 114, 166; quarta, 104-5, **106**, 109, 111, 113-5, 197, 210; quinta, 106, 115, **117**, 118 159, 179; sétima, 202; *ver também* Raça-Raiz
Raça-Raiz/Raças-Raízes: primeira, 81, 98; segunda, 98; terceira, 97, 106, 111, 215 quarta 114, 117, 166; quinta, 118, 166; sexta, 118; sétima, 81, 34
Ragon de Bettignies, Jean-Marie [escritor maçom francês, 1781-1862], 147
Râma [sétima encarnação de Vishnu], 210
Râmâyana [epopeia indiana sobre a vida de Râma], 210
râśi-chakra [sânscrito: zodíaco], 153
Râvana [rei-demônio de Lankâ, cuja abdução da mulher de Râma, Sita, desembocou na guerra descrita no *Râmâyana*], 210
Rig Veda [saber (veda) exposto em versos (rig)], 160, 187

Rodas(s) [nossa cadeia planetária], **60**, **62**, **66**, **67**, 71, **75**, **80**, **83**; centros de força, 65; sete, 65; mundo ou globo, 39
Rondas: evolução da natureza material, 72; primeira, 73; terceira, 73, 93; quarta, 65, 67, 68, 73, 81, 84, 100, 104; quinta, 65
Rudra [forma védica de Shiva], 187, 194
Rûpa(s) [sânscrito: forma, matéria], **43**, **54**, **62**, **83**, **84**, **85**, **91**

Sabedoria, senhores da, **101**; filhos da, **83**, **99**
Sakridâgâmin [sânscrito: aquele que só retornará mais uma vez/ segundo caminho], 68
Sana [sânscrito: o Kumâra antigo/ esotérico], 194
Sanaka [sânscrito: o Kumâra antigo/ exotérico menor], 194
Sananda [sânscrito: o Kumâra possuidor de regozijo/exotérico], 194
Sanâtana [sânscrito: o Kumâra eterno/exotérico], 194
Sanatkumâra [sânscrito: o Kumâra sempre adolescente e virgem/ exotérico], 194
Sanatsujâta [sânscrito: o Kumâra eternamente belo/esotérico], 194
Sandhyâ [sânscrito: crepúsculo, período entre dois yugas], 225
Saptaparna [sânscrito: que tem sete folhas/símbolo dos sete princípios humanos], **71**, 72

Saraph (pl. Serafins) [hebraico: hierarquia de espíritos], 85
Sarisripa [sânscrito: pequenas criaturas rastejantes], 83
Sarpas [sânscrito: serpentes], 103
Satã [hebraico: poder contrário], 109, 175, 205, 211; mítico, 168
Satya Yuga [sânscrito: era da pureza, primeiro yuga, também conhecido como krita], 154
Seb [deus egípcio da terra, representado por um ovo], 148
Seidade, dois aspectos da, 31
Seis direções do espaço, 60
Senzar [língua dos mistérios dos iniciados], 23
Sepher Yetzirah [Livro cabalístico da Criação], 190
Sephira [hebraico: luz espiritual/ poder ativo/Kether], 138, 143-4
Sephiroth [hebraico: dez atributos do Divino], 70, 139, 142, 144
Seres celestes, ordens de, 70, 194, 206
Sesha [serpente sobre a qual repousa Vishnu no oceano do espaço], 172
Sete: alentos, **57**; arcanjos, 186; cabeças, 172-3; caminhos para a felicidade, 38; centros laya, 64; chaves, 128, 130; criações, 189; criadores, 64, 81; elementos, **63**, 63, 65; esferas, 59; espíritos criadores, 39; estados de consciência, 40; eternidades, **37**; filhos, 45, 80; ilhas, 115; kalpas, 134; legiões, 89; Lhas, 79; logos, 173; luzes, **62**; mundos, **72**; peles, 80-1; períodos, 190; planetas, 69; princípios, 61, 72, 172; raças- -raízes, 81; regiões, **58**; rodas, 65; senhores sublimes, **39**; significados esotéricos, 223; sephiroth inferiores, 142; sombras, **90**; transformações dos globos, 68n; verdades, **39**; vidas, **73**; vogais, 173; zonas, **109**, 173

Seth [Mercúrio/deus da sabedoria oculta], 214-5
Shakti [sânscrito: energia universal], 63
Shekinah [hebraico: presença feminina da divindade], 144
Shiva [sânscrito: o auspicioso/ terceira manifestação da trindade hindu], 194; mâhâyogi, 194
Shu [deus egípcio que sustentava o céu no ar], 148
Siloam, sono de [estado magnético que culmina na iniciação], 222
Sin (Suen) [deus lunar mesopotâmio], 75, 164-6
Sistro [instrumento musical egípcio], 164
Skinner, J. Ralston [escritor maçom norte-americano, 1830-1893], 125-6
Sócrates [filósofo grego do século IV a.C.], daimon [voz interior] de, 206
Soma [sânscrito: a lua/símbolo da sabedoria esotérica], **73**, 163, 165-6; peixe, pecado e, **73**
Srôtâpanna [sânscrito: aquele que adentrou o caminho/primeiro caminho], 68

Sthûla Charira [sânscrito: corpo externo], **70**
Suástica [sânscrito (swastika): símbolo esotérico auspicioso], 173, 222, 224-5
Subba Row, T. [Chela do sul da Índia, 1856-1890], 183-4; "Notes on the *Bhagavad-Gita*", 183
Suchi [sânscrito: fogo solar], **91, 92**
Suras [sânscrito: deuses/devas], **109**, 176, 212
Sûrya [sânscrito: o Sol], 153
Sûryavanshas [sânscrito: dinastia solar], 167
Sushupti [sânscrito: sono profundo/cessar do pensamento], 184
Sûtrâtmâ [sânscrito: fio da vida], 71
Svabhâvat [raiz plástica da natureza], **43, 45, 52**
Svapada [sânscrito: organismos microscópicos], **83**

Tábua de Esmeralda/Tabula Smaragdina [tábua de esmeralda de Hermes, essência da sabedoria hermética], 222
Tairyagyonya. *Ver* Tiryaksrotas
Tales [filósofo grego do século VI a.C.], 161
Tamuz [o amado de Ishtar], 165
Tanmâtras [sânscrito: rudimentos dos elementos], 191
Tat [deus greco-egípcio da sabedoria], 215
Tau [cruz], 132, 148, 222-3, 226

Taylor, Thomas [tradutor inglês de Platão e dos neoplatônicos, 1758-1835], 182
Templários [ordem militar cristã de cavaleiros fundada no século XII], 123, 203
Templo de Salomão, 129
Tempo, 37; uma ilusão, 38
Terceiro olho, 109, **111**
Teth [deus greco-egípcio da sabedoria], 215
Tetragrammaton [grego: nome de Deus com quatro letras, Jeová], 142
Tetraktys [grego: o Quatro Sagrado], 56
Thot [deus egípcio da sabedoria], 146, 161, 166-7, 215, 222; -Hermes, 168; -Lunus, 166
Tibete, 203, 225
Tien [chinês: deus/céu], 149
Tien-Sin [chinês: o Céu da Mente/o Absoluto], 64
Tífon [adversário egípcio de Osíris], 146, 212; Osíris-, 176
Tiryaksrotas [sânscrito: quinta fase da criação, a dos animais], 193
Trevas, 158, 186; matriz eterna, 39; espírito puro, 50
Tridasha [sânscrito: trinta], 50
Trimurti [trindade hindu: Brahmâ-Vishnu-Shiva], 144

Universo, 40-1, 44-5, 51, **52**, 53, 56, **60, 63**, 65, 140, 190; filho da necessidade, **40;** uma ilusão, 66
Upâdhi [sânscrito: veículo/base física], 137, 230

Ûrdhvasrotas [sânscrito: sexta criação, a das divindades], 193

Vahan (Vâhana) [sânscrito: veículo], **75**, **101**
Vaivasvata Manu [sânscrito: sétimo Manu, progenitor da presente humanidade], 194
Valentino [mestre gnóstico do século II d.C.], 173
Vâmadeva Modaliyar, citação de (Noite de Brahmâ), 153
Varâha [encarnação de Vishnu em javali], 151
Vedantino(s) [seguidor do vedanta, escola filosófica indiana não dualista], 71, 183
Vedas [escrituras sânscritas sagradas dos hindus], 171
Vênus [deusa romana do amor, surgida das espumas do mar/ planeta], 64, 158, 165; Lúcifer [Vênus como a estrela-d'alva], 122
Vishnu [o poder conservador da trindade hindu], **49**, 158, 164, 172, 187
Vishnu-Purâna [purâna que enfatiza a criação vista pelos devotos de Vishnu, a vida de Krishna e o Kali Yuga], 154, 193-4,
Vishvakarman [sânscrito: arquiteto do universo], 201

Wilson, Horace Hayman [tradutor inglês do *Vishnu-Purâna*, 1786-1860], 15, 189, 192

Yama [sânscrito: senhor dos mortos, regente dos Pitris], 80, 196
Yoga [sânscrito: meditação], 41; filhos do, 93
Yogues, 110; do Tibete, 203
Yong-grub [tibetano: perfeição absoluta], 39-40
Yugas [sânscrito: quatro eras do mundo, totalizando 4.320.000 anos], 154

Zaratustra, gruta de, 197
Zend Avesta [escritura religiosa dos zoroastrianos], 124
Zeruâna Akerne [persa: tempo infinito/espírito incognoscível], 207
Zeus [deus grego do céu, regente do Olimpo], não o deus supremo, 182
Zodíaco, 153; doze signos do, 69, 189
Zohar [Livro cabalístico do Esplendor], 143, 179, 217
Zoroastro [antigo profeta iraniano/ nome genérico dado a grandes legisladores], 147